自治の旅

民主主義の学校から

松下啓一 著

萌書房

はじめに

私の研究テーマは、政治学と法律学の両面から自治のあるべき姿を再構築することであるが、その制度や仕組みを考えるために、全国のまちを歩いている。平均すると、ほぼ毎週、どこかに出かけている計算になるだろう。もし田舎町の鄙びた食堂で、後姿が寂しそうな男を見かけたら、それは私である可能性が高いので、ぜひ声をかけてほしい。

旅の途中では、ぼんやりと風景を見たり、たまたま隣り合わせた人たちと、のんきな話に興じるのがほとんどであるが、稀ではあるが、大事な発想や面白いアイディアが浮かぶことがある。そのままにするとすぐに忘れてしまうので、その時々に思いついたことをブログに書くようになった。私のブログ「自治・政策・まちづくり」であるが、その記録を見るとすでに三〇〇〇日を越えている。ブログに書くことが習性になったのだろう。その記録をもとに、大幅に加筆し再編集したのが本書である。

サブタイトルは、「民主主義の学校から」とした。地方自治が民主主義の学校とはよく言ったものである。民主主義がよく機能するためには、市民自身が、共同体の課題に対し、自律的に関与し、公共的な態度で臨むことが前提になるが、地方自治は、こうした民主主義を実践するのにふさわしい舞台である。

たとえば高齢化という課題は、誰にとっても他人事ではなく、さまざまなかたちで自らに関わってくる。その高齢化を考える中で、他者に思いを巡らし、人は支え合って生きていることに気づき、そして、人としてどのように行動するべきかが問われてくる。地域には、こうした民主主義を考えるテーマがたくさんある。民主主義というと、何か高邁で難しいもののように思われるが、私たちの暮らしそのものである。

市役所から大学に移って一〇年が過ぎたが、私がこうして全国のまちを歩くことができるのも、多くの人に支えられているからである。一緒にまちの未来を考え、苦労をした人も多いが、地名をあげれば、一人ひとりの顔がすぐに目に浮かぶ。私の旅は、こうした多くの人に支えられているが、とりわけ連れ合いには、ずいぶんと支えられている。フットワークが軽いというよりも、腰が軽い夫を持って、困惑しているのだろう。連れ合いは、私の本を読むことがないので、この文章が連れ合いの目に触れることはないと思うが、ここに感謝の気持ちを表しておきたい。

二〇一三年一二月

松下啓一

自治の旅——民主主義の学校から——＊目　次

はじめに

I　民主主義の学校から

Ⅱ　霞が関法務を越えて

自治の旅

――民主主義の学校から――

I

民主主義の学校から

民主主義は揺るぎないものか（大阪府枚方市）

大阪は暑いまちである。真夏日などは、私が住む三浦半島の二倍になる。

大阪国際大学枚方キャンパスは、大阪府の北部、枚方市長尾地区にある。キャンパスへは、ＪＲ学研都市線長尾駅からのバスもあるが、私はバスには乗らず、いつもバス通りから外れた船橋川沿いの緑道をゆっくり上って行く。夏の暑い日は、途中の大池で一服するが、池では水鳥もゆっくりと羽根を休めている。長尾は自然と歴史のあるまちである。

「民主主義は揺るぎないものか」。大阪国際大学教授でルソー研究の山本周次先生のゼミテーマである。民主主義は、当たり前のことと思っていた私は、少しの反発とともに、こんなことを何十年も考え続けている山本先生に大いなる興味を持った。そして、あらためて民主主義を考え直してみようと思った。

五〇歳を過ぎて、初めて暮らす関西。大学教授という仕事。期待と不安が入り混じる人生の再出発となった。

枚方市　大阪府北河内に位置し，東海道五十七次の56番目の宿場町として発展した。十返舎一九の東海道中膝栗毛にも，くらわんか船が賑やかに登場する。長尾地区は，枚方市の東部，京都府との府境に位置する。長尾大池は，江戸時代前期に灌漑用として築造された。船橋川緑道から長尾大池へは，JR 学研都市線長尾駅下車。徒歩5分。

●大阪国際大学

横浜市役所を辞めて、初めて勤めた大学が、大阪府枚方市にある大阪国際大学である。私は、ここで大学というものの枠組みを学んだ。

大阪国際大学は、一九八八年創立という新しい大学である。もともとは幼稚園を母体に、高校、短大と積み上げて大学がつくられた。大学の創立にあたっては、京大や阪大を退職された著名な先生方が集められたが、私が大阪国際大学に移った二〇〇三年には、まだ創立当初の先生方が残っておられた。

私の研究室の三つ隣が、経済学の新開陽一先生である。二〇〇四年には文化功労者になられた。廊下ですれ違うと、いつも先生の方から穏やかに会釈され、後にノーベル賞を取ってもおかしくない先生だと聞かされて驚いた。そのほか刑法・刑事訴訟法の井戸田侃先生、行政法の高田敏先生、商法の川又良也先生という大先生たちがおられた。いずれの先生も、私が学生時代に教科書や論文で学んだ大先生であるが、どの先生も新米教員の私に、あれこれと声をかけてくれ気を使ってくれた。教授会の雰囲気も、京大、阪大の雰囲気をそのまま体現していたのだろう。

この大阪国際大学の仲間で書いたのが、『18歳の政治学』（晃洋書房）である。カール・シュミット研究の古賀啓太先生、ルソー研究の山本周次先生、国際政治学の瀬島誠先生、中国政治の滝田豪先生、そして私の五人である。私の研究室の前が古賀先生、その左隣が滝田先生、右隣が山本先生、その隣が瀬島先生だったと思う。

私は、この本の編者を担当したが、その「はじめに」に山本先生について、次のような執筆者紹介を書いた。

「第五章『政治思想』を担当するのが、ジャン・ジャック・ルソーの研究家で知られている山本周次教授である。ルソーといえば『自然に帰れ』が有名であるが、ルソー自身は奔放な（というか身勝手な）行動の人で、不可解な思想家のひとりである。むろん山本先生ご自身はルソー的な人柄とは正反対の寡黙な研究者であるが、そんな人がなぜルソーなのか、聞いてみたいという衝動に私はいつも駆られている。講義のなかで本人の口から語られることを期待したい」。

●民主主義は揺るぎないものか

たしかに政治史から見ると、デモクラシーは最悪な政治形態である。デモクラシーのふるさとアテネでも、アルギヌサイの戦いでスパルタを破った将軍たちは、煽られて理性を失った民衆によって殺されてしまう。その手続きの不法を説く者は、「民衆（デーモス）が望むことを妨げるのは許されない」と強迫されることになる。ソクラテスは、最後まで反対するが、結局、民主主義に殺され、その弟子のプラトンをして、哲人王こそが最良形態と言わしめた。フランスでは、デモクラシーの名の下に市民の虐殺が行われ、ドイツでは、最も民主的と言われるワイマール憲法からナチスが生まれている。最近では、アメリカは中東に西欧流の民主主義を持ち込んだが、結局、国民を不幸にしているだけのようにも見える。民主制は実に扱いにくい制度である。

しかし、それでも私は民主主義に強く魅かれる。「身を労するかわりに、金を出してみるがよい。やがて諸君の手には鉄鎖が返ってくるであろう。……本当に自由な国では、市民たちは万事自分の手で行い、なに一つ金ずくではすまさない。彼らは自分の義務を免れるために金を払うどころか、金を払ってもいいから自分の義務は自分で果たしたいと思うだろう。」（ルソー、井上幸治訳『社会契約論』中公文庫、一二四―五頁）。民主主義の理想が熱く語られている。

どうすれば、民主主義を揺るぎないものにできるか。それを制度や仕組みに結実することが求められている。

●アリストテレスの理想国家

民主主義を機能させる有効な方法の一つが、支配と被支配の交替である。市民は普段は統治者から支配される立場にいるが、支配される側ばかりにいると、人任せ、無関心になる。そこで、時には市民を政策決定に主体的に関わる立場にすることによって、政策課題は多面的で複雑であることを理解し、決定は苦渋の決断であることを体験するというものである。

アリストテレスも、民主政がよく機能するには、すべての市民が平等に支配・被支配の地位に就かねばならないとする。すべての人が交替で役職に就けば、支配者が自分の利益だけを追求することは難しくなる。次は交替して、支配される立場になるからである。逆に、いつまでも同じ人が支配の立場を続ければ、主人が奴隷を支配するようなものとなってしまうおそれがあり、また多数者の狂気にも陥りやすくなるとする。アリストテレスは、この「支配しかつ支配される能力」を「善き市民の徳」と規定するが、この支配と被支配の交替が、民主政を衆愚や専制に陥らせないカギではないか。その具体的仕組みを考え、実践することが必要なのだと思う。

●民主主義の学校から

もはや哲学王や貴族制に戻れない時代にあって、私たちは民主制を使いこなし、民主主義の枠組みの中で、より幸せな暮らしを実現していくしかないだろう。

民主主義が機能するためには、市民同士が対面して議論できる小さな共同体で、市民が考え判断ができるテーマについて、市民自身が自律的に考え、関与することが前提になるが、地方自治は、こうした民主主義を実践するのにふさわしい舞台である。「民主主義の学校」（J・ブライス）とはよく言ったものである。

地方自治では、国家間での争いや高踏的理念は当面の課題ではない。どこの自治体でも市政の最重要事項は、外国との領土紛争ではなく、地域の安全と福祉である。子どもが安心して学校から帰って来ることができない事件が頻発しているが、こうした課題をみんなで協力して解決するのが地方自治である。こうした問題ならば、誰でも考えることができるし、当事者になることができる。

地方自治を通して民主主義を実践していくことが、私の役割なのではないか。そんな決意の再出発となった。

山本先生は、教授会では、論客たちが口角泡を飛ばす中、いつもひとり洋書に手を置き、黙想されていた。その山本先生は、先年、お亡くなりになったが、山本先生がなぜルソーなのか、結局、私はそれを聞くことができなかった。

想像の共同体・現実の共同体（ハワイ州ホノルル市）

思い立ってハワイに行った。ハワイは初めてである。おそらくハワイにだけは行かないだろうと思っていたが、今回、行く気になったのは、それだけ年齢を重ねたということだろうか。

ハワイで特に感じたのは、人種が多様で、しかも垣根がないことである。行動や態度で甘く見られることはあるかもしれないが、人種によって甘く見られることはないようだ。国際化、グローバル化が進む中で、人種というアイデンティティでは、一つにまとまる国づくりはできなくなっているが、その未来のモデルの一つがハワイにあるようだ。

ハワイは食事がうまかった。ワイキキではサバの塩焼きは二回食べたが、日本よりもずっとうまかった。ギンダラの西京焼きも、日本よりずっとうまかった。

連れ合いは、ハワイでも日傘をさしていた。ワイキキのビーチでもカラカウア大通りでも日傘で歩く。ハワイに限らず、ギリシャでも、ハンガリーでも、ニュージーランドでも、世界のどこへ行っても日傘をさしている。最近は、海外でも日傘を見ることが珍しくなくなったが、さすがハワイでは連れ合いのほかには、一人見ただけだった。

ホノルル　ハワイは，約1500年前にポリネシア人が，カヌーで3200㎞以上を航海して渡ってきたという。ハワイ語で「あふれる水」という意味を持つワイキキは，かつてハワイの王族の避暑地であったが，現在ではホテルが集中し，世界中から観光客が集まるスポットになっている。ワイキキビーチの白い砂浜と青い海越しにそびえるダイヤモンドヘッドは，たしかにハワイの代表的な風景である。

●国民国家

ワールドカップで日本人はなぜ日本代表を応援するのか。当たり前のことのように思えるが、その答えは必ずしも簡単ではない。

同じ国家に所属している人々のことをネーション（nation）と呼ぶ。そして、同じ日本人を応援する思想がナショナリズムである（なお、ここに日本人と言ったが、これは人種という意味ではなく、同じ日本国に所属するといった意味である）。

ナショナリズムは、昔からあることのように誤解されるが、実は新しい概念である。一般には、一七八九年のフランス革命が最初とされ、たかだか二〇〇年の歴史しかない。

フランスには、それまで国王の国はあったが、国民の国はなかった。フランス革命では、国王を倒すために集まった見知らぬ人々は、お互いに連帯して戦った。その後、新しくつくられたフランスを潰そうと周辺列国は軍隊を送り込んでくるが、ここでも、この見知らぬ人たちは、自分たちがつくった国を守るために連帯して戦った。そこでは、「自由、平等、博愛」という共通の理想の下に戦う人は、みなフランス人となる。国民国家の誕生である。この国民国家ができて、初めてフランス人がフランスを応援するようになった。

事情は日本も同じである。明治維新以前は、日本では国と言えば藩である。その名残は今でも残っていて、「お国はどちらですか」と聞かれると、「鹿児島です」と答える。明治維新で日本という国民国家ができて、日本人は日本代表を応援するようになった。

●想像の共同体

アメリカの政治学者、ベネディクト・アンダーソンは、このネーションのことを「想像の共同体(imagined community)」と呼んだ。つまり、ネーションはどこかに実在するものではなく、人々の頭の中に形成される想像の産物というのである。国民は自分たちの国と信ずればこそ、国のために戦うことができる。自国が優れていればいいるだけ、国民は国を信じるようになる。こうしたネーションをつくるために、政府は、たくさんの無理をすることになる。

国語の統一もその一つで、フランス革命当時でも三割のフランス人はフランス語を話せなかったそうである。日本も事情は同じで、同じ日本語でも地方ごとに言葉がずいぶん違っていて、外国語のような方言もある。ばらばらな日本を統一するために、時の政府は標準語をつくり、教育制度を整備して、急速に日本人としての統一化を図っていく。また国民国家は歴史も偽造する。国が一つという考え方に反する歴史的事実は、否定されることになるのである。

特に後発の国民国家は、後発ゆえ無理を重ねる。ドイツが国民国家として統一されたのは一八七一年であるから、フランス革命(一七八九年)に遅れること約八〇年、日本の明治維新(一八六八年)よりも遅いことになる。この遅れてやってきた国民国家ドイツは、ゲルマン文化の優位性を主張してナショナリズムをあおり、それがナチスのユダヤ人虐殺にまでつながっていく。今日、韓国や中国が、自らの文化の先駆性・優位性を強調するのも、その表れだろう。

もともとは歴史、文化、言語を同じくする仲間というニュートラルな存在であるナショナリズムが、排除や排斥といった偏狭なナショナリズムに転換し、市民社会を歪めることになる。

●現実の共同体

国家ができる前からずっと前から地方自治はあった。国が想像の共同体ならば、地方は現実の共同体である。

人が集まって一緒になって暮らすようになると、さまざまな問題が起こるが、これら諸課題に対して、みんなで連携、協力して、解決に努めるのが地方自治である。私たちは、こうした営みを国家ができるはるか以前からやってきた。

戦国時代には、野盗から村を守るために、村人同士で自衛し、七人の侍を雇って守ってきた。アジアモンスーン地域で米を作って暮らす私たちは、水を確保するための水路などの施設が重要になるが、その共同管理機能を発達させる。また水をめぐっては、隣村や村内のトラブルが起こるが、その調整機能も発達する。地方自治の施設管理機能、課題解決機能である。ただ、それだけでは息が詰まるので、親睦機能も充実する。むら祭りである。

ここから分かるのは、むらを維持・運営する機関は、むらびとを管理するためでなく、むらびとを守るために存在するという当たり前のことである。もともとは自治とは、そういうものである。ここは大事なポイントである。

この地方自治を支えるのがパトリオティズム（郷土愛）である。パトリオティズムを定義することは容易ではないが、「生活風景のようなもの」というのは適訳である。パトリオティズムは、つくられたものではなく身についたものである。生活風景をみんなで協力して守っていくことが地方自治である。国民国家のように、たかが一〇〇年、二〇〇年の歴史ではなく、はるか昔から、私たちは地方自治を続けてきた。

●自治の再構築

その地方自治をもう一度原点に戻って組み立て直そうというのが、私の関心事である。私たちは、地域の課題をみんなで協力しながら解決するという自治をこれまでずっとやってきたが、この三〇〜四〇年の間に、私たちは、その自治力をすっかり弱体化させてしまった。経済的に豊かになり、これまでなら自分たちでやってきたことを役所任せ、人任せにしてきたためであるが、この私たちが本来持っていた自治力をもう一度思い出して、次世代にバトンタッチしていく必要がある。

自治再構築の柱の一つがパトリオティズムである。しかし、パトリオティズムは、一方からは、偏狭なナショナリズムにつながるとして警戒され、他方、パトリオティズムに親和性を持つ人たちからも、パトリオティズムに基づく自治の再構築は警戒すべきものとされる。外国人の参政権につながるという論理は私の理解を超えるが、日本的郷土愛の受容性の高さ（そこに三日住んだら、江戸っ子のようなもの。それが外国人でも）に、彼らなりに危険性の予兆を感じているためだろうか。

しかし、いずれも「地方自治が分かっていない」というのが率直な感想である。論者たちは、本当に地域で市民と一緒に暮らしているのだろうかというのが素直な印象である。

自治の再構築の基盤となるのは、パトリオティズムの奥にある高い市民性である。近代日本が、明治維新を受け入れ、急速に発展したのは、江戸時代から続く名望家たちによる公共活動と庶民自身の教育・教養の高さにあるが、こうした「豊かな市民性」こそが、私たちのパトリオティズムの底に大きく横たわっている。この市民性を基盤に新しい自治を構築するのが、私たちの役割である。

自治の文化を創る（鳥取県米子市）

講演や研修で全国を旅することが多い。時には、予定が立て込んで、いくつかの町を列車を乗り継いで回ることもある。その日は、横浜から大阪の枚方、鳥取、米子と回り、大分まで行った。まるで西村京太郎サスペンスである。短時間の乗り継ぎが続き、綱渡りの連続となった。あらためて分かったのは、鉄道の時間は不安定要素が多く（実際、新幹線が雪で一五分遅れた）、本当に殺人を犯すには、時刻表トリックはリスクが大きすぎ、あくまでも本の中での話だということだった。

初めて米子市に来た時、市民公会堂で講演会を終えた後、市役所の人たちに誘われるまま皆生温泉に行った。役所の人たち一〇人ほどで車に分乗して宿に着き、そこで、みんなで温泉につかり鍋をついた。いろんなところに行ったが、初対面にもかかわらず、みんなで温泉に入ったのは初めてである。

皆生温泉は、日本海に面する温泉である。皆生温泉ではいつも菊乃家に泊まるが、ここは日本海の絶景とおいしい食事、そして何よりも美人姉妹若女将で有名である。美人女将というと、枕詞のようで誰も信用しないが、ここは本当に美人姉妹若女将である。

●米子市役所の人たち

自治基本条例づくりを手伝うようになって、全国の人たちと知り合う機会が多くなった。一度だけの方もいれば、長い付き合いになった人もいる。その中でも米子市の人たちとは、本当に長い付き合いになった。

自治基本条例づくりのお手伝いすると付き合いが長くなるが、それは自治基本条例が単に条文をつくるものではなく、自治の文化を創るものだからである。その分、検討時間は長くなり、担当職員は条例づくりが一段落するまで、異動なしでずっと担当し続けることになる。

Yさんは、この春、自治基本条例が終わって、職員課に異動になった。工学部出身という緻密さで、自治の基礎から勉強し直して、条例化にこぎつけた。長い担当を終え、ようやく異動になって、私は肩の荷を下ろしたような気持になった。

紅一点のメグちゃんは、検討の途中で青森にお嫁に行った。協働推進課に来る前は、CLAIR（自治体国際化協会）のシドニー事務所にいて、そこで知り合った人と遠距離恋愛を実らせた。ある時、急ぎの用で夜中に市役所にメールを打ったら、すぐ返事が返ってきた。二三時三八分。いったい何時まで仕事をしているのだろう。

メグちゃんをめぐっては、面白いエピソードがいくつもある。メグちゃんが青森にお嫁に行くとブログに書いたら、すぐに青森市役所から米子市役所に電話があった。「メグちゃんさんいますか？」。

皆生温泉　1900年開湯という新しい温泉である。明治時代に，漁師が海中に湧く温泉を発見したのが始まりである。温泉街は白砂が続く弓ヶ浜にある。ここは日本の渚100選でもあり，砂浜の向こうに伯耆大山の美しい山容を見ることができる。JR 米子駅からバスで20分。

青森市では、自治基本条例を検討中で、よい助っ人が青森へ来くると思って電話したらしい。そのほか、メグちゃんイアリング事件というのもあるが、これは関係者だけの秘話にしておこう。

Kさんは、自治基本条例の担当係長兼劇作家である。協働まちづくりのイベントがあると、すぐに芝居をつくり幕間にはさむ。その劇の概要は次の通りである。

茶髪の兄ちゃんたちが、公園にたむろし、飲んだ缶をポイ捨てしてしまう。この捨てられた缶をおじさんが片付けている（これを演じるのが協働推進課の課長）。おばあさんが、「なぜ片付けているのか」と聞くと、おじさんは答える。「この公園が好きなので、たくさんの人に来てもらいたいから片付けているんだよ」。それを聞いた、おばあさんが、兄ちゃんたちに話をする。兄ちゃんたちは、一見こわそうであるが、意外と心がやさしい。「そうか、俺たち、迷惑をかけているんだ」と気がついて、一緒に公園をきれいにし始める。その輪が広がって、みんなで公園をきれいにするという劇である。

そして、最後にみんなで歌を歌う。おばあちゃんは三味線しか弾けない。和尚さんは、お経と木魚、給食のおばちゃんは、しゃもじしか叩けない。白い犬が登場するが、犬は「うおーん」としか吠えることができない。しかし、それぞれが、自分ができるところを一生懸命にやると、一つの歌になるという劇である。こうした劇をつくって、「協働とは何か」を市民に分かりやすく発信する。

いつも気を使ってくれるのはT和尚さんである。和尚さんというのは、前述の芝居の役どころで、それ以来、私には和尚さんである。和尚さんは、私が朝一番の便で帰らなければいけないとき、おにぎりを持って空港まで私を送ってくれる。車は磨き上げたイギリスのミニクーパー、かかっている音楽はもちろんビートルズである。

米子市では、書いているそばから、いろいろなエピソードを思い出す。いつもにぎやかな宴席。一人ひとりが、いきいきと自治を論じ、仕事を談じ、まちの未来を論じる。

米子市に行くと、Yさんたちは、私のことを先生とおだてて、いろいろと気を使ってくれるが、実は私の方こそYさんたちから、たくさんのことを教わった。

ある時、大阪だったと思うが飲んでいる席で、Yさんたちから、「自治基本条例といえば、当時どこもニセコ町型で、行政を統制することが住民自治であるとされていたなかで、松下さんは、当初から市民一人ひとりを尊重し、市民が自ら考え、行動することこそが住民自治で、自治基本条例はそういう条例であるべきだと言っていたが、それがすごかった」とぽろっと言われたことがあった。

それを言われて、私は目の前がパアーと明るくなったことを覚えている。酒のせいではない。ネオンのせいでもない。自分ではもやもやして、うまく整理できなかったことをYさんたちは、自分たちの仕事の中で整理し、消化してしまったことに驚かされたからである。自治の現場で私も大いに鍛えられ、育てられた。

● Human Rights 人としての正しさ

ついつい私たちは、Human Rights を人権と訳すが、素直に考えると、Human（人間の）Rights（正しさ）になる。人間としての正しさ、人としての正しいふるまいが素直な意味になる。

私がこのことに気がついたのも、米子市で自治基本条例の検討を始めた時だった。その後、小田原市や新城市、そして最近では焼津市の条例づくりにも関わったが、いずれも Human Rights を「人としての正しいふるまい」と考え、その意味での Human Rights を基本に自治基本条例を組み立てている。

実は、このHuman Rightsを「人としての正しいふるまい」と考えて、これを条例の柱にしようと考えたのは、米子市役所の人たちである。彼らが仕事の中で、これが重要だと考えて条例づくりを始めた。すごいことだと思う。

なまじ法律学や政治学をかじると、市民と政府の関係を対峙して考えがちになる。立憲主義の考え方で、政府は市民の権利を侵害する主体ゆえに、法で規律しようというものである。

これに対して、Rightsを「正しさ」と考えるといろいろなものが見えてくる。民主主義社会において、正しさとは、自らを律し、他者にも思いをはせることができるということになるが、市民一人ひとりが自ら考え、行動すること、そして、まちのことにも関心を持つということが市民としての正しいあり方になる。

役所の役割も変わってくる。Rightsを権利と訳すと、市民から役所に対する請求権や役所からの干渉排除権となるが、正しさと考えると、市民一人ひとりが、自立（自律）し、他者へ配慮できるようになることが大切で、それをサポートするのが役所の役割になる。

●住民自治とは何か

自治基本条例の検討の中で、あらためて問われることになったのが住民自治である。講学上は、住民自治は役所を監視しチェックするものとされるが、もともと、役所はむらびとを管理するためでなく、むらびとを守るために存在した。地域から見ると、住民自らが、まちのことを考え、行動していくことが住民自治である。

たとえば、全国で学校帰りの子どもが、犯罪に巻き込まれるという事件が頻発したが、こうした被害は行政の活動だけでは防ぐことができず、父兄や地域の自治会・町内会の協力が必要である。役所の役割は、こうした地域の活動を支援することにある。行政の専横をチェックするだけでは、住民の暮らしはとても守れない。

東日本大震災では、自治そのものが試されることになったが、あらためて明らかになったのは、
① 住民間の連携・協力が、住民を救うということである。未だに被害の状況が分からず、救援もこない中で、住民間で住まいを提供しあい、食料を分け合って助け合ったという事例がいくつも報告されている。
② ボランティアの広がりである。さまざまな市民が、自分ができる範囲で、自分の得意分野で被災地に共感し行動した。
③ 市町村職員の頑張りである。自らが被災者であるにもかかわらず、住民のために奮闘した例が、どこのまちでも行われている。自治体職員魂は健在で本当にうれしく思う。
今後、私たちが再確認すべきは、
① 住民間の連携・協力の力を伸ばすことの重要性である。自治会・町内会といった地域コミュニ

ティを真正面から取り上げ、それを民主主義（市民の自律と他者への思い・行動）の観点から再構築すべきである。

② ボランティア・NPOの価値を認め、それをまちづくりに活かす道を模索することである。NPOと地域コミュニティとの連携も模索すべきである。

③ まちは、そこに住民登録している人だけでつくられていない。住んではいないが、そのまちのために活動している人、遠く離れているが、その町のことが気になるという人の力がどれだけ大きいか。排除は本当にもったいないことである。

④ 役所や議員をチェックするというのも大事であるが、もっと大事なのは、その力を存分に発揮できるように励ますこと（励ますようにチェックすること）である。誰だって、「ありがとう」と背中を押されれば元気が出る。力を削ぐのではなく、持っている力を一二〇％出してもらったほうが、ずっといい。これが住民自治の基本だと思う。

ちなみに自治体が財政難だから住民の自治が求められるようになったと考えるむきもあるが、これは誤解である。本来、住民自治は住民自身が行うべきことだから、住民自らが活動しているだけのことである。仮に財政が豊かになっても、住民が行うべきことは住民が行うのである。

この住民自治の原則を貫くと、役所側は楽になるように見えるが、そうではない。協働型行政という新しい世界に入るので、職員一人ひとりの力量が問われてくる。指示待ち職員や受け身型職員では務まらない。これまでのやり方を変えることは容易ではないが、思い切って方向転換をしていくしかない。従前の住民自治を見直し、新たな住民自治を再構築するのが、自治基本条例の役割である。

●自治基本条例は自治体の憲法か

自治基本条例は自治体の憲法とされる。多くの自治体で、市民に対して、「まちの憲法をつくろう」という呼びかけが行われ、自治基本条例の検討が始まっている。たしかに、地方分権→自治体の自立→自立にふさわしい自治体の憲法＝自治基本条例という論理は説得的である。

この自治体の憲法論の理論的背景となっているのが地方政府論である。自治体は国の下部機関ではなく、もう一つの政府であるという考え方で、同じ政府だから自治体も憲法を持つべきとなり、自治基本条例の内容も日本国憲法を模したものになる。

地方政府という考え方は、自治体の自立性を端的に表現していて魅力的であるが、しかし、過度に期待しすぎては自治体には荷が重すぎる。同じ政府と言っても、国と地方とでは根本的な違いがあるからである。

最大の違いは、国には主権があるが地方には主権がないということである。地方主権と言うが、これは言葉のあやにすぎない。なぜならば主権は絶対権である。日本国には主権があるゆえ、領海へ外国船が侵入したらこれを強制的に排除できる。同じように、もし地方に主権があれば、神奈川県は他県の人たちが許可なく神奈川県に入ることを拒否することができる。そんな地方主権を誰も望んでいないだろう。地方主権と言っても、地方の主導権くらいの意味で、地方の自立（自律）を言っているにすぎない。

実際、地方主権と言っても、少しも身についていないのは、地方の旗手を標榜し盛んにマスコミ等に登場している首長さんの言動を見ればすぐに分かる。困ったことが起きると、すぐに「国は、国は」と言い出すからである。宮崎県で鳥インフルエンザが発生した時、時の知事は、すぐ「国は、国は」と言い出した。親父（国）の庇護の下、あれが欲しい、これが欲しいと言っている、ドラ息子のように思える。「地方主権ではなかったのか」と突っ込みを入れたくなるが、あれだけ地方主権をPRしているマスコミも、一緒になって、「国は、国の責任は」と言い出してしまうので、私の声は声にならない。

このように国と地方は違うと考えると、自治体の憲法は、国の憲法と内容や体裁が違ってくる。国の憲法は、権力の専横から国民を守るために国をコントロールするものでもよいが、地方の憲法である自治基本条例は、それだけでは足りず、まちを元気にするものであるべきである。私は自治基本条例とは、まちを元気にするための理念や制度・仕組みを規定した条例と考えている。

この立場からは、自治基本条例で書くべきことは、自治（まちづくり）の基本理念や基本原則（どんなまちにするか）、自治（まちづくり）の主体として市民の役割（権利や責務）、役所や議会が自治（まち）のために存分に力を発揮できる規定、市民や地域コミュニティ、ＮＰＯが自治（まち）のために、元気で存分に力を発揮できる規定である。

●自治の文化を創る

自治基本条例が目指すのは、新しい自治の文化の創造である。

権力の専横をチェックするだけでは、地域が抱える問題を解決し、市民が幸せに暮らせるようにはならないことはすでに述べた通りである。「市民は主権者である。だから、役所は市民の言う通りにしろ」という関係が、結果的には要求型市民を産み、役所に任せておけばいい、役所が何とかしてくれるというお任せ民主主義を産んでいる。現実には、この一方向の関係がさらに転じて、「行政が雇い主であるはずの市民を統治する」という逆転関係になってしまっている。

今こそ、自治を再構築する時である。その方向性は役所をチェックするだけではなく、市民も公共の担い手であることをきちんと位置づけ、公共の担い手である市民が存分に力を発揮する社会をつくることである。これは税金による公共サービスの提供だけでなく、市民の経験や知恵・知識、行動力によっても公共サービスを担っていくということであるが、この両輪を回しながら、自治（まち）を創っていくのが自治基本条例である。

自治基本条例とは、私たちが忘れかけてしまった、私たちの自治力を再度、鍛え、強めるきっかけとなる条例である。自治の文化を創る条例である。自治力は、市民一人ひとりが他者を大切にし、自分が暮らすまちを大事にするという、民主主義の基本からやっていかないと、鍛えられ、強いものにはなっていかない。ずいぶんと時間もかかるし、地道な努力も必要となるが、おそらく、これしか私たちのまちが生き残っていく方法はないだろう。今こそ、この自治の原点から考え始める時だろう。

市民が存分に力を発揮する社会へ（神奈川県小田原市）

小田原市は、北条氏五代の城下町である。北条氏は、北条早雲から始まり、五代目の氏直が豊臣秀吉に滅ぼされるまで、小田原を基盤に約一〇〇年間続いた。

最盛期には、北条氏は関東一円をほぼ手中に収めたが、それには軍事力もさることながら、優れた民政があったからである。農民の生活を安定させ、信頼を得るためのきめ細かな施策を講じることで、東国一の大大名にのし上がっていった。

また、北条氏は、一族間で骨肉の争いをしなかった大名である。戦国大名は例外なく、親子、兄弟が分かれて、家督争いを繰り返すが、北条氏にはそれがない。親子、兄弟、親戚が一丸となって、関東制覇のために奮迅する。

いつも思うことであるが、小田原駅に降りると、何かうきうきした気分になる。小田原という町がそもそも持っている気分なのか、それとも、小田原の先に箱根や湯河原があるからだろうか。

●街とまち

今日では、街とまちの区別はよく知られるようになった。一般には、漢字の街はハードのまちである。ハードとは、道路、建物、公園である。それに対して、ひらがなのまちは、ハードとソフトを含む。ソフトとは、歴史、文化、安全・安心、やすらぎ、人と人とのふれあいである。整備された道路や建物に加えて、ソフトがふんだんにあることが、まちの要素である。

では、まちは誰がつくるのか。

まず漢字の街であるが、これは行政とデベロッパーでつくることができる。「街」という字をじっと見てほしい。土が積み重なった建物を行政が守るようにして囲っている……。

次に、ひらがなのまちであるが、言うまでもなく、歴史、文化は役所だけでつくれない。人と人とのふれあいは市民がつくるものである。街とは違って、まちは地域に住んでいる市民の主体的な取り組みなしにはつくることはできない。

一定の豊かさを達成した私たちは、建物や道路だけが整備された漢字の街では、もはや満足できなくなっている。多くの人が、住んでよかったと思うまちは、ハードに加えて、歴史、文化、安全・安心、やすらぎ、人と人とのふれあいのあるまちである。自治経営とは、ソフトがたくさん詰まったまちをつくっていくことでもある。

小田原城　難攻不落の名城と言われ，上杉謙信や武田信玄に包囲されても落ちなかった。天正18（1590）年の豊臣秀吉が，総勢22万人の大軍で攻め寄せた時は，小田原城を含む町全域を周囲約9ｋｍにも及ぶ大規模な堀と土塁で囲み籠城する。これを小田原城総構（そうがまえ）という。現在も総構の面影を窺える場所が随所にある。小田原城へはJR 小田原駅より徒歩10分。

●条例づくりにも市民が参加する

最近では、条例づくりにも市民が参加するようになった。とりわけ自治基本条例は、自治の文化を創るものなので、行政だけでつくってはダメで、自治の当事者である市民の主体的な参加が不可欠になる。

市民が参加した条例づくりで最も問題となるのは、参加した市民の正統性である。検討のために集まった市民は、思いのある市民であるが、市民から信託されたわけではなく、市民代表とは言えないからである。その弱点をどのように乗り越えるのか、さまざまな方式が開発されている。

その一つが、市民代弁性の獲得である。

たしかに条例づくりに参加した市民は市民代表ではないが、市民の思いを代弁することで、その弱点を乗り越えようとする試みである。

千葉県流山市では、検討委員が市民のところに出向き、市民の思いを聞いて、それを条例に反映しようとした。市民ＰＩ（パブリック・インボルブメント）である。検討委員は自治会の集まりがあれば出かけて行き、小さな集会があれば出かけて行った。その数は一二三回にも及んでいる。

小田原市では、オープンスクエアという方式を編み出して、延べで一二〇〇人以上の市民から意見を聞いた。これは検討委員と市民との対話の場を積極的に設定したものである。

焼津市では、市民ＰＩのほか、参加した市民が寛いだ雰囲気で話し合いができるワールドカフェ方式が開発、実践されている。

●地域コミュニティをきちんと位置づける

ソフトのまちづくりでは、地域コミュニティの役割が重要である。地域コミュニティは、これまで地域の課題解決、地域福祉、行政補完等の諸機能を果たしてきたが、地方分権や少子高齢化が進む中で、役割はますます高まっていく。

しかし、法制度の世界では、地域コミュニティはアンタッチャブルである。近代立憲主義を地方に当てはめ、役所や議会を民主的に統制することが自治であると考えると、私的世界である地域コミュニティには踏み込むべきではないということになるからである。さらに、自治会・町内会は、かつて戦争の一翼を担ったという過去があるが、その反省が法と地域コミュニティの関係をさらに希薄なものにしている。

ちなみに一九九一年の地方自治法の改正で、地縁団体の規定が置かれたが、その内容は、地縁団体は法人格を取得できるというところにとどまっている。地域コミュニティの果たすべき役割や機能については、法は何も書いていない。

地域コミュニティは、私的な存在であるが、まちを元気にするためにさまざまな役割を果たしている。それをきちんと評価して、大いに励ましたほうが社会全体ではプラスである。戦争を担ったという過去も、誤りは誤りとしてきちんと総括し、そうならない道を探るべきだろう。地方自治法の欠缺を埋め、新しい公共の担い手として、地域コミュニティをきちんと位置づけるのが自治基本条例である。

こうした動向を踏まえて、最近では、公共主体としての地域コミュニティを前面に押し出した自治基本条例も目立ってきた。文京区自治基本条例では、都市型条例らしく地域コミュニティとの協働・協治を基本に条例を組み立てているし、地方の条例では、地域住民組織を重視した条例が現れてきた（九重町、伊賀市、名張市など）。

この地域コミュニティを正面から認め、その保護・育成を自治基本条例の柱とするのが小田原市自治基本条例である。

●市民とつくるとどうなるか――小田原市の自治基本条例

自治基本条例づくりにあたって、全国のモデルになっているのが北海道ニセコ町まちづくり基本条例である。私も、この条例の先進性を高く評価しているが、他方、後発自治体がこの条例に縛られすぎているのではないかという疑問も持っている。ニセコの呪縛である。特に気になるのが、この条例の行政基本条例的色彩と自治体職員が中心となってつくったという制定過程である。

その点、小田原市の自治基本条例（提言）は、つくり方、内容とも、他とはずいぶんと違うものとなった。

まず、この提言は、他の自治基本条例を見ずに、小田原のまちが未来に続き、市民の暮らしがより豊かになるために本当に必要な自治の基本ルールは何かというところから考えた。そうすると、これまでの自治基本条例とは、ずいぶんと様子の違った内容になった。明らかになったのは、市民自らが、まちのことを考え、行動することの重要性である。公共を行政、議会だけに委ねるのではなく、自治会・町内会、NPO等も公共を担っていくことの大切さである。市民や自治会・町内会等が、その力を存分に発揮することができるように、理念や仕組みがたくさん書き込まれた内容になった。

策定プロセスも、自分たちは市民代表ではないということを踏まえて、真摯に市民の声に耳を傾け、市民の思いを代弁することになった。オープンスクエアという小田原方式を編み出し、延べで一二〇〇人以上の市民から意見を聞いた。

小田原市の自治基本条例は、自治の組立て直しを基本からやっていく試みである。一見すると遠回りであるが、これが持続可能な自治をつくる確実な方法だと思う。

まちづくりは楽しく（静岡県焼津市）

　私たちの世代にとって、焼津といえば焼津の半次である。ただし、焼津で乗ったタクシーの運転手さんは、焼津の半次をよく知らない様子だったたし、出迎えに来てくれた市役所のIさんも知らなかった。「素浪人月影兵庫」は全国放送ではなかったのだろうか。

　焼津には、学生たちとも何度も行った。ファッションショーに出るためである。焼津には地元ファッションである魚河岸シャツがあるが、これを盛り上げて全国ブランド化しようと、ゼミ生たちと出かけるからである。新横浜からひかりに乗れば静岡まで四五分、東海道線に乗り換えて、静岡―焼津が一〇分強であるから、焼津はとても近い。

　焼津の魅力は、海の幸と絶景の富士山であるが、私が好きなのは春の桜である。特に際立った桜の名所があるわけではないが、全市いたるところに見事な桜並木がある。とりわけ瀬戸川の桜並木と護岸の緑のコントラストは気持ちがよい。

焼津市　焼津はカツオやマグロなど遠洋漁業の拠点である。ビキニ岩礁で被曝した第五福竜丸も焼津港から出港した。水産加工業も盛んで、なかでもカツオ節は全国有数の生産量を誇る。桜名所は、市内各地にあるが、瀬戸川へはＪＲ焼津駅北口から徒歩で一五分。

●都市ブランド

価格や品質だけでは競争に勝てない市場において、価値による差別化をするために、企業は、独自の企業ブランド創出に取り組んでいる。これを自治経営に持ち込んだのが都市ブランドである。人口減少や少子高齢化が進む中、定住人口や交流人口を増やし、多くの人に「住んでみたい、訪れてみたい、会社を置きたい」と思われるまちづくりを行う手段として、都市ブランドを使おうというのである。

都市ブランドをつくるには、他都市から抜きん出た歴史・文化、特産品などは特に必要ではなく、明確な政策理念、本物志向、住民本位を持って取り組めば、どの自治体でも可能である。伝統的な街並み、歴史や文化、祭り等の行事、地元の産業や産物、普段の生活、気風、おもてなしの心など、多種多様で有形無形のものが都市ブランドの資源である。これら資源の中から、地域の人々が愛着や誇りを持て、他の地域との差別化が可能なものを選択、活用していくことが重要である。

都市ブランドづくりでは、住民、企業、地域団体、NPO、学校、行政等などが、それぞれの特性を活かした活動を行い、時には活動を重ね合わせながら、同じ目標に向かって、連携・協働して取り組むことが必要である。また、その取り組みを一過性のものとせずに、また地域資源の維持・管理、劣化を防ぐための努力を絶え間なく行っていくことも忘れてはならない。金銭的対価が得られることの少ないまちづくりでは、参加者のやる気を持続させる工夫も重要で、楽しんで参加でき、達成感を感じられる方法を講じていくべきである。

●ワールドカフェ

まちづくりでは、ワークショップを行うことが一般的になった。ワークショップは、グループ作業を通じて、参加者のコミュニケーションを図りながら、課題を発見し、解決の方向を見つけ出していく集団創造技法である。決定過程を参加者全員で共有しながら合意形成していくので、互いの考えや立場の違い、なぜそうなったのかをよく理解できる。当事者意識や参加意識が生まれ、決まったことに愛着が生まれるといった効果も期待できる。要するに、市民一人ひとりの主体的を大事にする手法である。

焼津市で行うワークショップは、ワールドカフェである。ワールドカフェとは、「優れたアイディアや提案は、機能的な会議室のなかで生まれるのではなく、オープンな会話を行い、自由な雰囲気のカフェのような空間でこそ生まれる」という考え方に基づく討議手法である。自治基本条例のキックオフイベントも、条例案ができあがり市民報告会を行った時も、このワールドカフェ方式だった。

実際、大きな喫茶店にいるような寛いだ雰囲気で、市民同士が焼津の未来を話し合う。五〜六名で一グループとし、お茶を飲みながら、話題ごとにメンバーチェンジを行う。出会いを楽しみ、互いの思いを聴き合うためのさまざまな工夫がちりばめられている。

●魚河岸シャツで楽しむ

魚河岸シャツは、手ぬぐいを仕立ててシャツにした焼津の地元ファッションである。もとが手ぬぐいなので、すぐに乾くし、夏の暑い時期でも快適に過ごすことができることから、当初は漁業関係者だけが作業着として着ていたが、最近になって、若者が注目し、従来の枠を超えた新しい魚河岸シャツがデザインされるようになった。その結果、街着としても普通に着られるようになった。

魚河岸シャツは、焼津のアイデンティティの一つであるが、このシャツを全国区にして、焼津のまちづくりをサポートしようというのが私たちのゼミテーマである。

魚河岸シャツをアピールするために、焼津市のお祭りでは、魚河岸シャツのファッションショーをやる。わがゼミ生も地域の人に混じってファッションモデルに挑戦する。目指すのは、まちおこしで

Sa・Ga・Jyo！6（非営利活動団体スマイル・ミニシティ・プロジェクト代表の山家昌則さんの作品）

ある。魚河岸シャツという地域資源を通して、地域の歴史や文化を共有し、同時にこの河岸シャツで地域の産業振興しようというものである。魚河岸シャツが、多くの人に認知されれば、これをデザインする人が生まれ、これをつくる工房ができ、販売店ができ、働く人が増えることになる。

この焼津市におけるわがゼミ生たちの活動が知られるようになり、最近では、「Sa・Ga・Jyo！6」という名称で、イラストまでつくられるようになった。それが最近では、「Sa・Ga・Jyo！26」までバージョンアップしている。

●『自治基本条例はじめました』!?

『自治基本条例はじめました』は、事務局バンドの「自治基本条例ズ」が歌うテーマソングである。根を詰めた議論の合間に、この歌を演奏し、みんなで歌う。難しく言えば、自治の親睦機能の実践である。「自治は楽しく」の実践でもある。

自治基本条例はじめました

一番

C
ある日市長に言われた
Em
焼津のため市民のため
Am
まちづくり条例
F
すぐにつくれとー

F
そしておっとしの一一月
C
市民会議立ち上げ
Am

F
経験もない　人もいないない
C
予算もないけど
Am

F
松下教授たずねー
C
今井さん紹介されてー
Am

F
地方分権　地震津波
C
少子化対策にとー
Am

F
自治基本条例はじめました
G　C

F
自治基本条例はじめました
G　C

F
自治基本条例はじめました
G　C

F
自治基本条例はじめました
G　C

四番まである。

熟議の地方自治（愛知県新城市）

新城市は、奥三河の人口五万人を切る小さな町である。戦国時代、このまちは何度か歴史の転換点に位置した。甲州から信濃を制圧した武田軍が、伊那谷沿いに三河に侵略してくるが、これに対する徳川家康や織田信長と衝突するのが、この新城である。

武田信玄は、破竹の勢いで攻め込み、新城市の南部、野田城の戦いで勝利するが、病に倒れ、甲斐に帰る途中、むなしく死去することになる。その息子、武田勝頼は、武田氏の版図を大きく広げるが、設楽が原の戦いで、織田、徳川の連合軍に大敗し、数騎の味方に守られて、ようやく甲斐に逃げ帰った。設楽が原の戦いは、世上、武田の騎馬軍団と織田鉄砲隊が激突し、織田信長が考案したとされる鉄砲の三段打ちが有名であるが、事実とは違うようである。現在、設楽が原には、馬防柵が復元されているが、たしかにそこに立つと、騎馬軍団の出番がないことがよく分かる。

新城は山の湊と言われている。信州からの荷物は、新城で船に乗り換え豊川を下る。豊橋から川船を使ってやってきた荷物は、ここで馬の背に積み替えられ、信州に向かったという。新城は、陸運と水運の結節点でもある。

長篠城址　天正3（1575）年5月，武田勝頼は長篠城を1万5000の軍で包囲した。守るは山家三人衆奥平貞昌の兵500である。長篠城は，豊川と宇連川が合流する断崖絶壁の地にあり，武田軍は容易に落とせなかった。救援を請うため岡崎に走った鳥居強右衛門の逸話は，この長篠城の攻防から生まれた。5月20日，武田軍は，長篠城の包囲を解いて設楽が原へ進出し，ここで織田・徳川軍との世紀の決戦となる。長篠城址は，JR飯田線長篠城駅から徒歩10分。

その新城市で、自治を切り開く取り組みが行われている。

●市民まちづくり集会とは何か

「市民まちづくり集会」は、市民、市長、議員が一堂に集まって、地域の課題やまちの未来について、情報を共有し、話し合う場である。何かを決定をする組織ではない。新城市自治基本条例に基づくもので、地方自治法の町村総会とは違う。

市民が、市長と議員を選ぶという代表民主制は、市民の暮らし全般を守るには適切な仕組みであるが、他方、市民は、行政任せ、議会任せになってしまう。右肩上がりの時代ならば、それでも何とかなったが、今日ではうまくいかない。市長や議員が、期待された役割を十分に果たすとともに、市民も自治の当事者として、知恵を出し、行動していく必要がある。

市民を自治の当事者にする仕組みの一つが、この市民まちづくり集会である。市政の課題やまちの未来について、市長、議員、市民が話し合い、情報を出し合い、共通理解をする機会をつくるものである。したがって、この市民まちづくり集会は、決定することが目的ではなく、市民が学び、市長や議員が市民の思いを学ぶのが目的である。決定権は、市長や議会にあるので、市民まちづくり集会は、地方自治法には違反しない。

市民集会のような試みは、これまでなかったわけではない。かつて横浜市は一万人市民集会を試みたことがある。ただ、これら市民集会は、役所の決定や方向づけに市民が意見を言うもので、参加の理念に基づく仕組みである。市民参加も重要であるが、それが反転して、行政への要求や依存に変化してしまったというのが、これまでの反省である。

それに対して、市民まちづくり集会は、協働の理念に基づくもので、市長や議員だけでなく、市民も公共の担い手として、まちづくりに関わっていくというものである。両者が車の両輪のごとく、まちをつくっていくための仕組みである。

●一度逃げると逃げグセがつく

二〇一三年八月に行われた第一回市民まちづくり集会は、信頼関係と協力関係が溢れたとても良い集まりとなった。

司会も運営も市民がやった。自治基本条例の検討段階から、市民まちづくり集会を制度設計してきた人たちが、これを担った。もし行政だけでやっていたら、相変わらず行政に対する質問型の会議になってしまっただろう。

運営にあたっては、市民と行政の双方が知恵とアイディアを出し合った。特に良かったのは、会議に参加した市民同士の意見交換である。会場となった新城市市民会館は、前に舞台があり、階段状のイス席という、およそ話し合いにはふさわしくない会場であったが、同じ列に座った三人で、話し合う機会がつくられた。私は、これを見ながら、向こう三軒両隣という言葉を思い出した。

若者たちも大いに活躍した。意見交換では若者が司会をやったが、実にのびのびとやっていた。若者も出番があれば、どんどんと力を発揮する。議論の経過をラインで知らせ合い、それをスクリーンに映すなどという工夫は、若い人ならではのアイディアだろう。

今回の市民まちづくり集会で特筆すべきは、新庁舎建設という政治課題を逃げずに取り上げたことである。この問題は、二〇一三年一一月に行われた市長選挙の最大争点だった。そんな重要な問題をあえて避ければ、地域の重要課題について情報共有するという市民まちづくり集会の存在意義を失うし、他方、取り上げたとしても一方的なPRの場とすれば、これまた市民まちづくり集会の意義を減殺する。これまでの経緯をきちんと説明することに重点を置き、あわせて反対の人が意見も発表する機会を保障して、情報共有を図るという趣旨が活かされた。市民会議の人たちは、ずいぶんと心配したのではないかと思うが、やってしまうところがすごい。この点について、穂積市長は、「最初に逃げれば逃げグセがつく。最初に立ち向かえば次からはそれが当たり前になる」といっている。その通りだろう。

こうした市民のアイディアを許容・後押しする行政の姿勢も評価できる。それができたのは、市民と行政とが一緒に自治基本条例をつくってきたという信頼感があったからだろう。市民の思いを大事にしつつ、できること、できないことをきちんと説明する姿勢を貫いてきたことが、信頼感につながったと思う。担当者の力量もあるが、こうした自治の文化を育んできたということが重要である。

●熟議の市長選

「市民参加の市長選、熟議の市長選」は、新城市穂積市長の提案である。要するに市長選挙も、市民参加型、熟議型にしようというものである。ご自身のブログに次のように書いている。

「私はこの地で自身の選挙を四回経験し、国政・地方多種多数の選挙にも何らかのかかわりを持ってきたが、自戒をこめて『こんな選挙をやっていてはダメだな』とつくづく思っている。今日のテーマに即していえば、そこには『熟議』のプロセスが欠落しており、それぞれが自陣営の囲い込みと自己過熱を競い合って、そこに注ぎ込まれたエネルギーの総量に応じて勝敗を決する構造になっている。投票率が五〇％とすれば、他の五〇％はその熱の圏外にいて冷やかにこれを見ている。最近は公示・告示前の「候補者討論会」が当たり前のものになってきて、選択における貴重な判断材料を提供するようになってきたとはいえ、いざ本選が始まってしまえば、陣営内部の運動に没頭する以外になくなってしまうのが実情だ」（「山の舟歌・新城市長ブログ」二〇一二年一二月二七日「熟議の民主主義」）。

穂積市長の体験によると、選挙というのは、仲間を固め、それをヒートアップさせればさせるほど強い選挙になるらしい。その結果、一般の市民は埒外に置かれ、それがシラケの原因になっていく。要するに、市民は投票という参加権があるが、実際は埒外に置かれ、その結果よく分からずに、イメージやムードで投票を決め、あるいは投票に行かないことになる。そこで、市長を選ぶという参加（投票）をより実質的にしようということなのだろう。

考えてみれば、ここ三〇年の間に、さまざまな分野で市民参加が試みられてきた。大きな方向性は、形式参加から実質参加である。形だけの参加を乗り越えて、熟議の市民参加に変えようということである。初めは行政への市民参加から始まったが、それが議会への参加に広がり、そして市長選挙への参加と広がっていくことになる。選挙は、法の縛りが強いが、知恵を絞れば、熟議の市長選を実現する方法はいくらでもある。

信頼の地方自治（山口県山口市）

私が好きなまちの一つが山口市である。頼まれもしないのに、あちこちで山口市の宣伝をするのは、次のような体験があったからである。

山口市内に普門寺という寺がある。大村益次郎の塾が置かれていたという寺であるが、ひょんなことから、この寺を訪ねることになった。

ある年の夏、山口市で講演会を終えた後、私は友人を訪ねようと山口県庁に向かった。ところが途中で、道に迷ってしまったのである。途方に暮れたが、あまりの暑さに閉口して、一休みしようと入ったのがこの普門寺である。

寺に入ると、おばあさんが、花に水をやっていた。「暑いですね」と声をかけて、本堂の脇で一休みさせてもらっていると、「麦茶でも飲んでください」（山口弁であるが再現できない）と声をかけてくれたのである。それだけのことであるが、これが私が山口市を好きになった理由である。

まちづくりが盛んであるが、歴史的な建造物も遺跡は、今からつくることはできない。しかし、心遣いや思いやりは、今からでもつくることができる。心遣いがあるまちは、旅人だけでなく、そこの

普門寺　山口市にある臨済宗の寺院で，本尊は十一面観音である。古くは，この地にあった寺を延元元（1336）年に大内弘直が再建し，その菩提寺とし，大内義隆の時，勅願寺として重建された。幕末，長州藩の軍事指導者である大村益次郎は，普門寺境内の観音堂を宿舎として起居し，諸生に請われてここで兵学を教授した。

住民にとっても住みやすいまちである。

●信頼という社会資本

同じ自治体なのに、福祉活動の盛んな地区とそうでない地区がある。リサイクルに熱心に取り組んでいる地区とそうでない地区がある。同じ制度、同じ権限であるのに違いが出るのはなぜか。それを解くカギとして、人間同士のつきあい、交流、信頼といった要素に注目するのが、ソーシャル・キャピタルである。

ソーシャル・キャピタルにはいくつかの定義があるが、ロバート・パットナムは、「人々の協調行動を活発にすることによって社会の効率性を高めることのできる、信頼、規範、ネットワークといった社会組織の特徴」（『哲学する民主主義』）と定義している。

たしかに、信頼があれば、約束を守ってくれるどうか（期限に間に合うか、品質は大丈夫か）を心配する必要もない。保険をかける必要もない。信頼によって、社会全体が効率的になる。

こうした信頼の重要性は、常識的に考えても、よく理解できるところである。ただ、これまでは、信頼などは政策の外部条件として扱われ、政策の対象とはされてこなかった。ソーシャル・キャピタルの考え方のすぐれたところは、信頼、つながり、交流を社会的な資本としてとらえ、外部からの働きかけができるとした点である。

●ロバート・パットナムのイタリア研究

ソーシャル・キャピタルを主唱したアメリカの政治学者ロバート・パットナムは、地方制度改革を行ったイタリアを調査して、地域により制度パフォーマンスに差が生じるのをソーシャル・キャピタルの豊かさの差であるとした。

イタリアでは、一九七〇年代に地方分権が導入され、地方制度改革が行われたが、同じ時期に同じ制度が導入されたのであるから、イタリア二〇州とも同じ結果になるはずである。ところが、実際には、イタリアの北部と南部とでは、制度のパフォーマンスが違った。

たとえば内閣では、北部のトレンティーノ＝アルト・アディジェ州では五年間に二回しか変わらなかったが、南部のシチリア州やサルディニア州では、五年間で九回変わっている。内閣が安定して続く州とそうでない州がでてくるのである。

また、予算の成立時期についても、北部のフリウリ＝ヴェネツィア・ジュリア州では、平均では一月二七日であるのに対して、南部のカラブリア州では、ずっと遅れて八月七日になった。

保育所の設立も同じで、子どもの数を保育所数で割り戻すと、北部のエミリア＝ロマーニャ州は一保育所あたり四〇〇人、つまり、それだけたくさんの保育所ができているが、南部のカンパニア州では、一万二五六〇人ということになっている。三〇倍以上の開きがある。

このように、北部州は制度パフォーマンスがよいのに対して南部州ではよくないが、パットナムは、コミュニティの緊密さや相互のネットワークのよさが原因と考え、信頼、連帯、交流の違いをいくつかの指標を使って調べたところ、北部州では、これらが濃厚・緊密なのに対して、南部州ではそうではないということで、信頼、連帯といった指標が制度のパフォーマンスに大きな影響を与えているとした。これが有名なロバート・パットナムのソーシャル・キャピタルである。

●信頼の地方自治

日本の調査でも、社会参加を活発に行っている人は、人に対する信頼感が高く、また、人が信頼できると思っている人は社会参加を活発に行っているという結果となった（「ソーシャル・キャピタル――

豊かな人間関係と市民活動の好循環を求めて」内閣府、二〇〇三年三月）。信頼が社会参加を生み出し、自発的な参加が信頼を育てていく。

信頼を基軸とする自治経営が、持続可能な自治をつくることになるので、ソーシャル・キャピタルの重要性を自治体全体で確認し、これを自治基本条例や総合計画等にきちんと書き込むことが必要である。

具体的施策としては、ソーシャル・キャピタルの各要素と市民活動とは相関関係にあることから、市民による活動を活発化することを通して、ソーシャル・キャピタルが培養されるのではないか。地域コミュニティやテーマコミュニティを媒介に、新しい絆を構築することが施策の中心となる。

他方、信頼や連帯は、ともすると崩れそうになるので、守り、創造することが必要になる。市民の役割、行政の役割が重要で、相互の協働も欠かせない。これらを具体化する仕組みや仕掛けも必要になる。

仕組みづくりと同時に重要なのは行政側の姿勢と行動である。役所は公正で、不平等な取り扱いはしない、役所はルールに則って、きちんと市民を守ってくれるといった信頼が広く行き渡っていれば、市民は安心して活動できる。行政が逃げずに「一緒にやるぞ」という強い意向が伝わってくれば、市民も元気を出して活動できる。役所側の断固たる決意、逃げない姿勢も重要である。

信頼をつくるには、市民自身の行動も重要である。一人ひとりが、自ら考え、まちのことを考えて行動することで、市民間や行政からの信頼、相互の連帯が生まれてくる。

グローバル化が進めば進むほど、身近で顔が見える関係が、信頼という価値観で結びついた地方自治が魅力的で、価値があるものになっていく。

II

霞が関法務を越えて

勉強すると左遷される？（神奈川県横浜市）

「みなとみらい」が形になり、そこでさまざまなイベントができるようになった。

二〇一二年のGWには、「横濱ジャズプロムナード2012」があり、寄ってみることにした。このイベントは、一九九三年から始まったということで、二〇年目の節目の年にあたる。みなとみらい地区をはじめ、横浜市内のあちこちで、プロ、アマ約三二〇〇人の演奏家が競演するという大イベントになった。

私が、横浜市役所の都市計画局に異動したのが一九九四年であるが、そのころのみなとみらいは、ランドマークから国際会議場までのラインはできていたが、あとは、広いみなとみらい地区のあちこちに、ビルがぽつりぽつりと立ち始めた状況だった。桜木町駅前のコレットマーレ（Colette・Mare）などは、まだ草ぼうぼうだった。

ジャズを聴きに行ったのは、娘が出演するからで、会場のドックヤードガーデンの階段席に腰かけて、ゆっくりと演奏を聴いた。ここはやはり音がいい。

終わった後で、お茶でも飲もうと上にあがったら、幸運にも川原彰さんが大道芸を始めるところだ

横浜みなとみらい21　三菱重工横浜造船所や高島ヤードなどがあった地区がウォーターフロント都市再開発され、横浜を代表する街に変貌した。ドックヤードガーデンは、現存最古の石造りドックヤードであった旧横浜船渠株式会社第二号ドックを復元・保存したもので、国の重要文化財にも指定されている。桜木町駅（JR・市営地下鉄）から動く歩道で徒歩五分。みなとみらい駅（みなとみらい線）から徒歩三分。

った。川原さんは横浜ではお馴染みであるが、そのジャグリングの技は無論のこと、人集め、観客との掛け合い、一体感づくりなどは実に見事である。大道芸ではお金を集めるところが難しいが、小声で「なんとなく分かっていただけると思うが……」とか、「お賽銭ではないので」と言って、千円札が印刷されているバスタオルで汗を拭くと行った仕草で、最後の集金をやっていた。連れ合いと二人で、たっぷり笑って一〇〇〇円は実に安い。

観覧車にネオンがともり、落ち着きを取り戻した街角のオープンカフェで、ゆっくりお茶を飲みながら、休日の余韻を楽しむことができた。

●補助職員としての自治体職員

行政職員は、地方自治法上では長の補助機関（第一五四条、第一六一条から第一七五条）という位置づけである。しかし、補助だからといって、単に首長の指示に従い、手足となって動けばいいという訳ではない。まちづくりの専門スタッフとして、首長を支えるという積極的意味を持っている。

この自治体職員が地方分権で大きく変わった。機関委任事務があったころは、お金や政策、情報は国や県から来るので、常に上を見ている職員が優秀とされた。ヒラメ型職員である。ところが地方分権になって、国は国際問題や全国的課題、県は広域的課題、地域のことは市町村が行うようになると、自治体職員に期待される能力は大きく変わってくる。国や県からの指示待ち職員から、住民とともに知恵を絞り、政策を立案・実施していく自立型職員への転換である。政策立案ができるプロ集団への転換でもあるが、それゆえ以前にもまして、自治体職員は大いに勉強しなければならないはずである。

●自治体職員の学会・自治体学会

私が横浜市の職員だったころは、自治体職員による自主研修が盛んで、勉強する自治体職員が集まってつくったのが自治体学会である。自治体学会規約には、「本会は、市民的視野に立ち地域に根ざした実践的な研究及び会員相互の交流をとおし、地域ごとの研究活動を促進し、自治体の自律的政策形成を促し、もって自治体学の創造と地域自治の発展に寄与することを目的とする」（第二条）と書かれている。

自治体職員にとって、学会というのは敷居が高いが、自治体学会だけは入りやすい学会だった。私が初めて入ったのも自治体学会であるし、大学に移ることになった遠因も自治体学会である。最初に書いた論文も自治体学会へ提出した。

区役所から総務局に異動になって特命係長を六年やったが、そこで私は大いに誤解することになる。「このままで行くと私は出世する……」。総務局で頑張ったのであるから、次は課長補佐に昇進し、その後は……と思ったのである。ところが世の中はそんなに甘くはなく、結局、私は、係長のままその まま横滑りすることになる（左遷とも言う）。行った先は、公害対策局の騒音課で、工場や事務所の音がうるさいと、注意をしに行く係である。正直、意外な感じがぬぐえず、後でこっそり人事課の友人に聞いてみた。「なぜ、私が騒音課なのか」。彼曰く、「松下、お前、騒がしいからだよ」。「……」。

騒音課への異動は意外であったが、ここでも私は腐ることなく、面白い仕事を発見する。サウンドスケープである。サウンドスケープは、音を表すサウンドとランドスケープのスケープを合わせた造語で、音の景観を意味する。簡単に言えば、いい音風景を残そうという仕事である。

サウンドスケープは、騒音発生源をつぶすという対症療法を続けてきた騒音行政を地域にふさわしい音環境をつくっていくという環境行政へ転換するものでもある。そのサウンドスケープ理論と成果を論文にまとめ、それを自治体学会に提出した。初めて書いた論文であるが、幸い優秀作になった。

翌年は、環境事業局の計画課に移り、ごみの減量・リサイクルを担当した。ここでは、ポイ捨て条例に関する論文を書いた。これも自治体学会へ出したところ優秀作になった。三回目と思ったが、事務局から、この賞は新人のためのものなので、次は勘弁してくれと言われた。

その自治体学会も、二〇〇〇人いた会員が現在は一五〇〇人を切り、しかも五〇歳以上が六割だという。

その理由の一つが、自治体職員が研究会や学会に出席して勉強するとイジメられるからだという。研究会に出席するのは秘密で、職場で知られると白い目で見られたり、人事に知られると左遷の対象になるとも聞く。ウソのような話であるが、結構、信じられている話らしい。職員が減り、職場全体が忙しいということもあるが、自治体がよい就職先に変わって、何のために自治体職員をやっているのかという原点が見失われてしまっているのだと思う。

役所側にも問題はあるが、自治体学会のほうにも問題はある。役所をコントロールすることが住民自治であるというこの学会の枠組み自体が、時代とずれてしまったのではないかというのが、私の推測である。

●本の出版と営利活動

地方公務員法第三八条第一項で、自治体職員は任命権者の許可を受けなければ、営利を目的とする私企業等の役員等になること、自ら営利を目的とする私企業を営むこと、報酬を得て事業又は事務に従事することが禁止されている。しかし、講演料や原稿料については、通常の場合、労務、労働の対価としての「報酬」ではないので、許可は不要であると解されている。

私が、初めて本を書いたのは、横浜市役所にいた時で、出版社ぎょうせいから出した『自治体NPO政策――協働と支援の基本ルール』である。阪神淡路大震災があって、書かずにいられなくなって原稿を書いた。

書いてみたものの、当時は、それを出版するツテも方法も分からなかった。自治体関係の出版社といったら、ぎょうせいと学陽書房しか知らなかったので、そこに「本など出したりできますか?」といった感じの手紙を出した。

すぐに飛んできたのが、ぎょうせいで、その時の担当者Tさんは、その後、別の会社に移り、『そうか、君は課長になったのか』(WAVE出版)などといったヒット作を出している。もう一つの学陽書房のほうは、取締役さんを連れてきたので、その分、二、三日遅くなった。

私は、初めて出した本では予想外のことが起こった。何度か増刷された上、韓国で翻訳されることになったのである。ある時韓国から電話がかかってきた。「先生、韓国に来て講演してください」。この分野では、ほとんど初めての本なので、どうも韓国では、私のことを偉い先生と誤解したようだった。少し考えて、私は韓国へは行かないことにした。なぜなら、私が韓国に行くと、私が偉くないことが分かってしまうからである。それは国益を害すると考えたためである。

本の出版についての法律解釈は、原則許可不要であるが、こじつければ職務専念義務や秘密を守る義務等との抵触も考えられるので、事前に役所の許可を取る運用が行われている。それだけでも面倒な上に、「そんな暇があったら、仕事をしろ」といった雰囲気もあり、なかなか本を出す気が起きないようだ。本当にもったいない話で、本人にとっても、また社会的に大きな損失だと思う。

私の場合は、おおざっぱな時代背景と当時は懐が深かった横浜市に勤めていたという事情が、プラスに働いたのだと思う。

●民主主義の学校で学ぶ

愛知県新城市役所のMさんから、「新城市の穂積市長が、二〇一三年のマニフェスト大賞優秀賞に選ばれました」という連絡をいただいた。受賞の理由は、「市民のことばによる新城市自治基本条例（たたき台）」と「市民まちづくり集会」である。新城市では、徹底した市民協働で自治基本条例のたたき台をつくり上げたこと、そして、この条例の中に、市民まちづくり集会という仕組みを組み込んだが、それが受賞の理由となった。

マニフェスト大賞の直接的な理由は、穂積亮次市長の住民自治への思いとリーダーシップ、そしてその着実な実践であることは間違いないが、同時に、この受賞は、新城市の職員たちや市民の人たちの実践があったればこそということも忘れてはならない。地方自治では、いくら首長が一生懸命、旗を振っても、職員や市民の一人ひとりが、自治の未来を真剣に考え、実践していかないと、少しも前に進まないからである。

新城市で言えば、Mさんは、担当になった当初は自治基本条例に懐疑的だった。なまじ法務を知っていると、自治基本条例にはなじめないし、霞が関法務のくびきから逃れることも容易ではないからである。

しかし、自治をまじめに勉強し始め、市民と一緒に議論を始めると、どんどん変わっていく。自治の未来は、住民による自治がなければ開けてこないことに気がつき、この当たり前のことを受け入れ納得すると、市民と対等に腹を割って議論できるようになる。

実は自治基本条例づくりに参加した市民も、当初は半信半疑なのである。市民の声を聞くとは言っているが、行政はすでに決めているのではないか、決めたと言って押しつけてくるのではないか、そんな疑念を持っているのである。それを払拭できるかどうかが、自治基本条例の成否を決める。

この場合、成功のコツは、相互の信頼関係である。信頼関係ができると、たくさんのアイディアが出てくる。相互に妥協もできるようになる。

Mさんについては、こんなエピソードがある。

ある時、自治基本条例の勉強会の席で、私は市民から次のような質問を受けた。「先生、うちのまちはどんなふうに進むべきでしょうか」。私が戸惑っていると、Mさんが、「○○さん、新城市の将来のことを神奈川から来た松下さんに聞くのですか。自分たちで考えることではないですか」と言ったのである。他の市民も、「そうだ」と、うなずいたが、私も大いに同感である。

Mさんが、市民に対して、そこまで言えるのは、一緒に条例をつくってきたという信頼関係ゆえであるが、自治体職員が学ぶべきは、こうした信頼関係のつくり方である。自治の難しい難局では、結局、行政職員と市民との信頼関係が一番効いてくる。

霞が関法務を越えて（宮城県仙台市）

仙台で行われた法務研修が早めに終わったので、地下鉄の勾当台公園駅で降りて、一番町から仙台駅まで歩いてみた。七夕のこの日は、どこも大賑わいで、「人、人、人」である。いや法制執務に忠実に書けば、「人、人及び人」である。ちなみに、ここでは「及び」を使い、「並びに」は使わない。七夕飾りも見事だったが、それを手伝っている若い人も多く、さすが仙台は東北の中心である。

この日は、まず三越前の玉澤総本店で一休みして、二階からぼんやりと人の流れを見るという至福の時を過ごした。アーケードをさらに進み、一番町通りと中央通りが交差する藤崎百貨店あたりは、東北一おしゃれな場所だろう。人ごみに揉まれ、何とか仙台駅に着いた。

エスカレーターで、人は左右どちら側に立つかは、地方ごとに違いがある。仙台の場合はなぜか関西方式で、左側が追い越し用になっている。ただし、同じ仙台駅でも、新幹線乗り場に向かうエスカレーターだけは東京方式で、これは京都でも京都駅だけが、東京方式なのと同じ理由だろう。ちなみに地方都市に住む友人に、エスカレーターの立ち位置を聞いてみたところ、「真ん中」との回答。人がいないからだそうだ。

仙台らしさの第一は、地下鉄車内放送の英語バージョンである。無気力なアナウンスで、これを聞くたびに、仙台に来たなあといつも思う。クセになる車内放送である。

同じように見える日本であるが、詳細に見ると違いがある。法務のような緻密で格式ばったものでも、実はローカルルールがたくさんある。地方分権の今、ローカルルールは、消し去るものではなくて、大切にしていくものである。

●法律学の限界

大学受験で、幸いにも中央大学の法学部と早稲田大学の政治経済学部が受かり、この時、自分は法律学を学ぶべきなのか、政治学のほうがいいか、若者なりに少し悩んだ。ただ、当時の知識では、弁護士の道か新聞記者の道か、どちらが向いているかというくらいの選択だった。

結局、私は新聞記者には向いていないと考えて、法律のほうを選んだが、実際、今、考えてみても、私はジャーナリズムには向いてなかったろう。ジャーナリストは、現状に対する鋭い批判精神が必要であるが、慎ましいけれども寛容な家庭に育った私の場合は、ジャーナリストを育てる教育条件としては、適切でなかったと思う。

幸い、法律学を学んだので、その限界もよく分かる。

法律学の理論は精緻であるが、それはいわばコップの中の争いのようなものである。しかも、法律

仙台市アーケード街　アーケードは，中央通りと一番町通りにある。中央通りは，ハピナ名掛丁，クリスロード，マーブルロードおおまち，一番町通りは，サンモール一番町，ぶらんどーむ一番町，一番町四丁目の各商店街で構成される。六つのアーケードの長さを全部足すと1531mにもなるという。このアーケード街から枝葉のように小さな路地が分かれている。ハピナ名掛丁商店街はJR仙台駅すぐ。

は後追いで時代に遅れになりがちである。つまり、コップという枠自体が、時代とずれてしまっている中で、それにもかかわらず、コップ内で一生懸命、真面目に議論していることがある。当事者は真面目である分、はたから見ると可笑しく、またその議論を夢中にやればやるほど、大事なことを見失ってしまう。

また、法律は適法か違法かの二者択一であるが、年を重ねると、世の中は、そんな二分論ではとても割り切れないということがよく分かる。形式的には違法かもしれないが、目くじらを立てる必要がないものもあるし、形式的には適法かもしれないが、やってはいけないことも山ほどある。社会の常識や人としての正しい振る舞いといった法律以前のことがむしろ社会では重要で、ここらあたりを交通整理するのが政治で、だから法律学のほかに、政治学があるのだと思う。

●白黒だけでは社会は動かない

地方自治は、話し合い、助け合いが基本であるが、近年では、その地方自治でも裁判所に白黒つけてもらう傾向が目立つようになった。

地方自治法に、住民訴訟制度（第二四二条の二）があるが、もともとこの制度は、地方自治体の財産上の損失を防止する制度である。自治体の政策をただす制度のように誤解されているが、これは誤りである（そちらは直接請求の事務監査（一二条）のほうである。だから五〇分の一の署名を集めて、問題提起することになる）。しかし、判例によって、当該財務行為が適法でも、先行する非財務行為が違法ならば住民訴訟を起こすことができるとされているので、実際には自治体の政策をただすことを目的とする訴訟が頻発する。

政策上の意見の相違は、本来は政治過程の中で解決すべきことである。主張をぶつけ合い、程よい決着点を見つけるのが政治である。その分、関係者には、相手の主張もそれなりの理由があることを受容すること、相互によいところを取り入れて発展・止揚していくことが求められる。これが私たちの民主主義である。

それをやらずに、水戸黄門のような超然とした第三者に判断を委ねるようなことを続けていくと、結局、私たちの民主主義が弱まるばかりである。それでも司法の判断に委ねるというのは、行政や議会が信用できないからだという理由は分からなくはないが、それならば、行政や議会を変え、私たちの市民力を鍛えていくことが、私たちが、まず、なすべきことである。

私たちの未来を社会的訓練も乏しく、責任を取る立場でもない裁判官に委ねるのは、あまりにも危ういというのが、何人かの裁判官を知っている私の個人的感想でもある（みな個人的にはいい人であるが）。裁判官の多くだって、「そこまで期待しないでほしい」というのが本音だろう。

●法律学・政治学のはざまで——住所をめぐって

住所は、私たちの社会経済生活のおおもとになる。住所がなければ就職もできないし、ローンも組めない。年金の生存証明も取ることができない。空気や水のように普段は意識しないが、住所の果たしている役割は大きい。

この住所の認定は、居住の事実という客観的要素と本人の意思という主観的要素を組み合わせて決めるのが判例、実務である。公園にテントを張って寝泊まりしているホームレスから、公園を住所とする転居届があり、これを受理すべきかどうかで裁判になった。

大阪地裁第一審判決は、公園に実際に暮らしているという実態を尊重して「住所」と認定した。これに対して、大阪高裁、最高裁とも、公園が住所というのは社会通念に反するとして、転居届の不受理を有効とした。

常識的に考えれば、公園が住所というのはまともなことではなく、大阪高裁のほうが市民の常識に合致しているだろう。学生たちにも聞いたが、大半は、「公園が住所ではおかしい」というものだった。これが一般市民の常識である。

住んでいる客観的事実に注目すれば、公園が住所とも言えなくはないが、裁判所は、それを認めることはできない。だから、この判決では、これまでにない「社会通念」という要件を持ち出してまで否定した。なぜか。それは正義に反するからである。こんなことを許したら、法が公園の不法占拠を容認し、さらには、呼び込むことになるからである。法は不正義を認めることはできない。

しかし、法律論で公園は住所でないと否定しても、それだけでは何の問題も解決しない。ここが法律論の限界であり、政治・行政の出番がある。

この事件の背景は、次のような事情である。

公園や河川敷にビニールシートを張って暮らしている人たちがいる。実は、この人たちも、公園や河川敷が住所になるというのは常軌を逸すると考えて、実際に人が住めるところに住民票を置くという慣行が行われていた。大阪市西成区の支援団体事務所には、五〇〇〇件の住民票が置かれていたという。ホームレスたちは、ここを「住所」にして、さまざまな届けや申請を行い、役所からのサービスを受けていた。

むろん、住んでもいないのに便宜的に住民票を置くのは違法である。住所は選挙の基準になり、選挙人の資格もないのに選挙権が与えられることになってしまうからである。だから、区役所が実態調査をして、職権消除するというのも、これも当然のことである。

そこで、困ってしまったのがホームレスである。住民票がなければ就職もできないし、アパートも借りることもできない、役所からの通知も来ない。やや誇張して言えば、住所がなければ、ホームレスから這い上がることができないのである。行き場がなくなったホームレスは、実際に住んでいる公園を住所とするように申請したのである。それが今回の事件である。

大阪地裁だって、公園が住所というのはまともでないことは分かっているが、両者を天秤にかけて、あえて住所とする認定をしたのだろう。ずいぶんと悩んだのではないか。

しかし、法律論に過度の政策論を期待すると、お隣の韓国のように、対馬から仏像を盗んでも、返さなくてもよいという決定になってしまう。これは法の自殺である。他方、現実的な解決策も示さなければならない。そのせめぎ合いの中で、考えられてきたのが政策法務論である。

●政策法務の可能性

政策法務とは、条例等を使って政策課題を解決しようとする考え方で、政策実現手法としての法務の戦略的意義を強調する立場である。

従来は、自治体は法律を忠実に執行すればよく、中央省庁の通達・行政実例を自治体の政策課題に当てはめればよかった。これに対して、政策法務は、自治体自らが政策を立案し、執行していくという立場に立って、積極的に条例等を制定し、国の法令についても、地方自治の本旨に基づいた解釈や運用を行うというものである。

政策法務は、法務を使って政策を実現するものであるが、では、なぜ計画や予算ではだめなのか。なぜ条例なのかである。

一般には、条例の強要性・強制力が、政策実現手段として有効だからと考えられている。これに対して、私の体験はまるで違う。条例の強制力は絵に描いた餅というのが横浜市役所二六年の経験である。法律の場合は、強要性が本質なのかもしれないが、自治体の条例では、納得性が条例の本質があるというのが実感だからである。

条例は、市民代表の首長が提案し、市民代表の議会が議決するという二重の民主性がある。また条例は、どこから突かれても答えられるように慎重につくられる。これらが納得性の源泉である。納得性があるから、政策実現手段として有効となる。これは主権を持つ国と地域の課題をみんなで協力しながら解決する自治体の違いに由来する。

それゆえ条例は、納得性があるようにつくらなければいけない。他の自治体の条文を寄せ集めて、条例をつくるようなやり方がブームになっているが、これではとうてい、納得性がある条例はつくることができない。

政策法務の内容は、論者によって違いがあるが、おおむね次の四つを中心に論じられている。

① 政策目的に合致するように条例・規則等をつくる。（自治立法）
② 政策目的に合致するように法令を解釈する。（自治解釈）
③ 政策目的を達成するにあたって訴訟に負けないようにする。（訴訟法務）
④ 自治体の意向を国の法律に反映させていくように働きかける。（自治体参加）

●内閣法制局のくびきを脱して

意外に思うかもしれないが、地方分権の流れに最も乗り遅れるのは、法務担当ではないかというのが私の予想である。それだけ内閣法制局一四〇年の歴史は重く、自治体法務に対する縛りも強い。

条例も法規範で、その内容が誰にでも誤解なく正確に伝わることが必要であることから、法令を立案する場合に心掛けるべき諸原理や諸技術が決まっている。そのよりどころになっているのが内閣法制局が採用している方式である。

たとえば用字・用語では、「or」を示す日本語に、「又は」、「若しくは」があるが、A or Bを表す場合、「又は」・「若しくは」のどちらを使うかといったルールである。

研修では、私はこんな問題を出す。仕事を終えて飲みに行こうとなって、あなたが課長に聞く。「課長、居酒屋（又は、若しくは）スナック、どちらにしましょうか？」どちらが正解かという問題である。

テキストには、AかBかを同じ段階で選択的に使う場合は、「又は」を使うと書いてある。「若しくは」は使わないのである。ではなぜ「又は」なのかについては、論理的な説明はできず、それが内閣法制局の一四〇年の伝統だからということになる。

法令の立案では、既存法令の一部改正は、わが国の場合、溶け込み方式によっている。溶け込み方式とは、一部改正の法令それ自体は独立した法令ではあるが、施行されると同時に一部改正法令の内容は、改正の対象となった法令の内容に溶け込むという方式である。その溶け込むために改正文を書く手法が改め文方式である。分かりにくいが、

第1条中「」の規定」を「。以下「法」という。）の規定」に改める。

というのが改め文である。これが改正条例案である。この条例案が元の条例に溶け込んで、最新の法令になる。しかし、溶け込む改正条例案を見ても、何がどう変わったかは、誰も分からない。だから新旧対照表をつくり、さまざまな資料をつくることになる。

しかし、分権時代の今、これまでのやり方を続けていてよいのかというのが私の問題意識である。市民の力を結集して、地域の課題に対応していくべき時に、市民には理解できないやり方を続けていてよいのかという危機意識である。法制執務だって、市民が当事者意識を持ち、「よしやるぞ」と思うように変えていかなければいけないだろう。紙と墨で条例を書いていた時代ならばともかく、コンピュータの時代である。複写もゴシックも簡単にできるし、アンダーラインや色も使うことができる。スペースだって取らない。工夫はいくらでもできるだろう。

さて、上記の課長と飲みに行く問題であるが、研修における私の正解は、「又は」ではない。正解は、居酒屋である。最初からスナックでは、きついからという理由である。まずは居酒屋である程度飲んでから、その勢いでスナックに行くというのが、自治体職員だからである。

法を破るのが「コンプライアンス」!?（山口県防府市）

防府市は、もともとは周防の国府があったところで、それで防府という。歴史のあるまちであるが、幕末史には三田尻という港町が頻繁に登場する。三田尻の港は、長州藩の城下町萩から防府に至る萩往還の終着点にあたる。長州藩の海の玄関口で、参勤交代もここから出立し、幕末、京都に向かう軍勢も三田尻から出発した。吉田松陰や坂本龍馬など多くの志士が、三田尻に立ち寄り、三田尻から旅立っていった。その三田尻は、現在では、すっかり埋め立てられて工場地帯となり、残念ながら歴史的面影は残っていない。

さて、防府市と言えばやはり防府天満宮である。京都の北野天満宮、福岡の太宰府天満宮と並んで、三大天満宮に数えられる。防府天満宮の説明では、日本で最初に創建された天満宮とのことである。防府天満宮で最も盛大なお祭りが、一一月の第四土曜日に行われる御神幸祭（裸坊祭）で、御網代輿をかついだ白装束姿の人々が、「兄弟ワッショイ」のかけ声とともにも天満宮の大石段を下りていく。

防府天満宮の入り口に、「下馬下乗」という立札がある。下馬下乗札は、乗り物から降りてお参りするようにということであるが、なかには、「自分の乗っているのは馬ではない」という人がいるの

防府天満宮　菅原道真が九州大宰府に下る途中に当地に滞在し、「自分が死んだら魂となって帰ってくる」と誓ったのが由緒とされている。春には梅が咲き誇る。境内の西側にある春風楼は、楼閣式の参籠所で、防府市内を一望できる。ＪＲ防府駅から徒歩一五分。

だろうか、小さな字で、「車で入らないように」と書いてある。たしかに札には下馬と書かれているが、その目的・趣旨を踏まえて考えるのが法の解釈である。

私は、たくさんの研修を頼まれ、また一度頼まれると継続して担当することが多いが、唯一、二度と声がかからなかった研修がある。それは、不祥事が頻発し、世上、いろいろと話題の某市で頼まれたコンプライアンス研修である。そこで、私は「法を破るのがコンプライアンスである」と言ってしまったからである。

●コンプライアンスとは

コンプライアンスは、法令遵守と訳され、一般には、「法令を守る」という形式的・消極的な意味で理解されることが多い。そこから、単に形式的に法律を守っていればよいということになり、自治体職員の行動を「合法性を抗弁できるかどうか」に矮小化しがちとなる。

市民やマスコミから、条文とは違うという非難を何度も受け、いやになった行政は守りに入り、条文に書いてあることだけをやるのである。やっている本人も、それが妥当でないことは分かっているが、条文に書いてあるからという言い訳ができるのでそこに逃げるのである。

しかし、本来、守るべきは、法令のほか組織倫理、社会規範なども含まれ、同時に市民の期待に応える（comply）ということもコンプライアンスには含まれる。「常識か非常識か」、「フェアかアンフェアか」という基準も大切になってくる。

こうした社会的常識を事後的救済措置（行政不服申立て、行政事件訴訟など）としてではなく、自治体運営の中に持ち込もうというのがコンプライアンスの本来のねらいであるから、その分、コンプライアンスは難しいということになる。

●コンプライアンスの制度

コンプライアンスの仕組みとしては、公益通報、不当要求対応、要望等の記録・公表制度がある。

公益通報とは、職員等の職務執行に関し法令違反等がある場合に、市の機関や外部委員会に通報できる制度である。通報があった場合、必要と判断されれば調査が行われ、法令違反の事実があれば、改善措置や再発防止措置等が講じられる。同時に通報者を保護する仕組みも定められている。

職員が現行の法制度にのっとって厳正に事務処理を行えば、こんな制度は不要であるという意見もあるが、実際には組織の自衛本能や職員の自己保身などから、さまざまな不正行為が見過ごされてきた。公益通報制度は、通報者の不利益取扱いを禁止することで、通報を容易にし、これにより適正な行政執行を図る制度である。

不当要求行為対応は、脅迫や威圧的な言動等によって職員の公正な職務の執行を妨げる行為を未然に防止し、職員の安全と事務事業の円滑かつ適正な執行を確保するものである。不当要求行為があった時は、これを拒否するとともに、記録等を行い、不当要求行為を中止させるために警告や捜査機関への告発などの措置を取ることが定められている。

不当な要求があった場合に拒否するのは当然であるという意見もあるが、実際には職員個人が矢面に立つために、揚げ足を取られ、個人的に脅されるということになり、その結果、苦し紛れに不適正な事務処理をしてしまうこともある。不当要求行為に対して組織的に取り組むという点がこの制度のポイントである。

こうした公益通報や不当要求行為対応等に関する制度としては、神戸市政の透明化の推進及び公正な職務執行の確保に関する条例、大阪市職員等の公正な職務の執行の確保に関する条例など、注目すべき条例が制定され始めている。

記録・公表制度は、行政に寄せられる要望等を記録し、適切に対処するとともに、要望等の内容と対応状況を公表するものである。記録を残し、公表することで不当な要求行為の抑止力となる。議員からも、この制度ができたことで、市民からの無茶な要望が減って、議員本来の役割に力を注げるようになった、記録に残るので、記録に残るにふさわしい提案（要望）をするようになったとする報告もある。

●コンプライアンスの学び方

今日では組織が職員を守らなくなった。首長の中には「成果は首長、責任は職員」という人もいる。これでは職員はリスクを冒かさず、法に書かれていることしかやらなくなる。おかしいと思っても、粛々と仕事をするのである。それで非難を受けるかもしれないが、この場合、怒られるのは、みんなである。それに対して、おかしいと思って法を踏み越え、形式を守らなかったといって非難されるのは自分である。組織が、「形式は満たさないが実質的にはこちらのほうが法の趣旨に合致するし、市民の利益にかなう」と言ってくれないと、誰もリスクを冒さなくなる。

コンプライアンスに対する誤った理解が広がる中、行政は、防衛ラインをぐっと下げて、安全なところで戦っている。その前線の前には、広大な戦場が広がっていて、そこには惨劇が起こっているが、前に出られないのが今日の行政である。

それを乗り越えて前に出ろというのは無理な話である。うまくいけばいいが、失敗すると途端に非難される。役所が守ってくれない中で、個人の責任でやれというのは実際的ではないからである。そこで考えるべきは、前に出られる仕組みである。その仕組みの一つが条例化である。条例というのは、市民代表の議会も加わり、市民全体で決めたという正統性がある。それに従ったという説明ができる。行政が前に出る橋頭堡になる。

そこで、コンプライアンスで学ぶべきは、①既存の法を知り、学ぶこととともに、②法は万全ではないこと、③市民の幸せを実現するという自治体の存在意義を踏まえて、(時には法を乗り越えて)、新たな法をつくっていくことも含まれる。これらは相互に矛盾し、対立する場合もあるから、そこがコンプライアンス学習の難しさである。

●弁護士費用の支援制度

私が現役時代、ほとんど意識せずに済んだのが、住民訴訟である。形式的には、法の文言には触れているかもしれないが、実質的には法の趣旨に合致するものは何かを考えて仕事をしろと教わってきたからである。実際、誰も、法の文言に抵触しているなどと文句を言ってこなかった。仮に言われても、組織が守ってくれるという安心感があった。ところが最近の「コンプライアンス重視」の風潮の中で、思考停止した議論がまかり通り、職員一人ひとりが、損害賠償を意識せざるをえなくなってしまった。

言葉尻をとらえて、訴訟を起こすというのは、市民自らが首を絞めているようなもので、自滅行為のように思うが、それがあるのも現実なので、それゆえ、きちんと防御することも必要になる。それが、法を学ぼうとする動機づけになり、また、職員向けの損害賠償保険が隆盛になる要因なのだろう。今思うと、私自身は何度か危ない橋を渡ったことを思い出すと、ヒヤッとするが、クールビズの時代、ちょうど良いくらいなのかもしれない。危なかったと思いながら、壇上で、地方自治法を講じている。

ちなみに、大阪府には、職員の職務上の行為で損害賠償請求訴訟になった場合、勝訴すれば弁護士費用の一部または全部を役所が負担してくれる制度があるという（職員等の職務上の行為に係る損害賠償請求訴訟に係る弁護士費用の負担に関する規則、（平一二規則五四））これは、「弁護士費用の全部又は一部を府が負担することにより、職員等が職務に精励できる環境を整備し、もって府政の円滑な推進に資すること」が目的である。

ともかく社会全体が、つまらぬことで、揚げ足を取り、職員が職務に精勤できないような状況をつくっているのが本当に不思議である。

要綱設置の懇話会は違法か（兵庫県三田市）

三田市《さんだ》といっても、その場所を知らない人も多いのではないか。ＪＲ東海道線尼崎駅から北へ福知山線に分かれて、快速で三〇分くらいのところである。途中、渓谷美の川を渡り、岩肌も荒々しい山を過ぎると、盆地にまちが広がってくる。

三田市は福地山線の複線化で、急速に宅地化が進み、大阪のベッドタウンとなった。福知山線沿いの山の南側に張りつく住宅地は、海のない芦屋と錯覚する。

三田市は、歴史のある街で、江戸時代は九鬼氏の城下町である。九鬼氏と言えば、もともとは鳥羽を根城とする九鬼水軍が発祥で、戦国時代はその水軍力で存在感を示した。強力な水軍力を恐れた徳川幕府が、いわばその翼を剥ぐために、海のない三田の地に移封したのだろうか。九鬼の人たちはくやしかっただろうが、結局、明治維新まで三田にとどまり、三田の九鬼氏になった。

三田市へ行ったのは二回だけであるが、実はとても馴染みがある。

大阪国際大学にいたころ、南山城に住んでいた。大学はＪＲ学研都市線の長尾にあったので、近鉄で新田辺駅まで行き、そこから京田辺駅まで歩き、学研都市線に乗って長尾まで通った。その電車の行き先が新三田だった。ただ、学研都市線は京都の最南部から大阪、尼崎を経由して、三田まで行くので、福知山線のほうで信号故障などがあると、てきめんに影響して電車が遅れたのである。松井山手から先は単線だったので余計だった。

「三田で蝶が羽ばたけば京田辺ではハリケーン」になった。

●住民監査請求という羽ばたき

全国で、条例によらず要綱で設置した懇話会が、住民監査の対象となり、住民訴訟が提起され違法判決が続いた（なお、三田市では、この種の住民監査請求は起こっていない）。

地方自治法第一三八条の四第三項は、「普通地方公共団体は、法律又は条例の定めるところにより、執行機関の附属機関として自治紛争処理委員、審査会、審議会、調査会その他の調停、審査、諮問又は調査のための機関を置くことができる」と規定しているが、この文言を盾に、要綱設置の懇話会が違法であるとされているのである。

神奈川県下の自治体でも、この監査請求等の洗礼に見舞われており、平塚市や逗子市では裁判にもなっている。要綱設置の懇話会を一律に違法とするのは、あまりに政策現場の実態と乖離していて理解に苦しむが、きれいに横にそろって、全国一律に違法とされた。大半の監査請求は、違法ではあるが損害がない、あるいは過失がないなどの理由で監査請求自体が却下されているが、問題なのは、その前提である要綱設置の懇話会は違法であると認定されたことである。違法とされると、次回以降は、違法を承知で懇話会を設置することはできなくなるから、実務に与える委縮効果はとても大きい。

試行錯誤の結果、市民に集まってもらい、政策を考える仕組みを地域で苦心してつくってきたのに、それをつぶされるのである。せっかく積み上げてきた住民自治を後退させることにもなる。

「住民監査請求という小さな羽ばたきが、住民自治を揺るがす台風」になる。

旧九鬼家住宅資料館　明治初期（明治8年前後）に建てられた擬洋風建築の建物。擬洋風建築は，明治初期，洋風の建築物を大工が似せて建てた建築物で，外観に洋風デザインを採り入れているが，基礎構造は和風建築の技術が用いられている。旧九鬼家も，全体的には伝統的な商家のたたずまいであるが，2階ベランダ部分と窓が洋風の造りとなっている。兵庫県重要有形文化財。JR 三田駅・神戸電鉄三田本町駅より徒歩約10分。

●判決の論理

こうした一連の監査結果や判決例について、私の率直な感想は、きつい言い方になるが、「地方自治が分かっていない」というものである。

監査結果や判決の論理は、法一三四条の四第三項の附属機関を実質的に考えるものである。したがって、調査・提言を行う機関を法律に書いていない「懇話会」と称し、そこから「報告」を受けるかたちにしたとしても、実質的に附属機関ならば、形式だけ変えてもダメというものである。ここまではまっとうな意見である。

ただ、それ以降、監査委員や裁判官は、硬直してしまい、「審査、諮問又は調査」をする組織であれば、即、附属機関という形式論に陥ってしまう。本来は、ここでも実質的に考えて、形式的には「審査、諮問又は調査のための機関」であるが、実質的には、「審査、諮問又は調査のための機関」に当たらないものもあり、それは附属機関に当たらず、条例で設置する必要はないという道筋があるからである。それが実質判断説に立つ判例の帰結でもある。

肝心のところで思考停止してしまうのは、附属機関を条例設置とした趣旨は何か、条例設置すべき附属機関とは何かという基本から、きちんと考えていないからである。持続可能なまちを創っていくための自治経営とは何かを自信を持って言えないことが、霞が関法務に逃げ込む一因だと思う。

●二元代表制の意味

この問題は、日本の地方自治制度の根幹である二元代表制から見ていかないと解きほぐせない。

二元代表制とは、自治体の長と議会の議員は、ともに有権者に選ばれた正統な代表であること、そして、この代表者を通して地方政治を行うということである。憲法にも、首長も議員も、ともに住民によって直接選挙されると書かれている（憲法第九三条二項）。これを住民から見ると、長と議会という二つの住民代表がいるということである。

これに対して、国のシステムは議院内閣制である。議院内閣制では、国民は国会議員を選挙し（憲法四三条）、その国会議員で構成される国会が指名した内閣総理大臣が内閣を組閣する（六七条）。内閣は、行政権の行使について、国会に対し連帯して責任を負う（六六条③）。行政権を行使する内閣は、国民を代表する国会に基盤を置くという一元的な関係になっている。

両システムの違いを緊張関係という観点から見ると、議院内閣制では、内閣を組織する内閣総理大臣を選出する母体となった党派（与党）とそれができなかった党派（野党）の間に最大の緊張関係が生まれ、多数を獲得するための競争が、政策づくりの源泉となっていく。他方、二元代表制の下では、長と議会・議会がともに住民を代表しているという緊張関係が、政策競争の源泉となる。二元代表制では、首長と議員・議会の間で、どちらの主張が市民ニーズを体現しているかを争い、その政策競争を止揚することで、市民の幸せを実現していく仕組みである。

二元代表制において首長と議員の関係は、同業他社と考えると理解が容易である。首長はさしずめ量販店である。品目は多く何でもあるが専門分野に関しては物足りない。他方、議員は専門店である。時々、きらりと光る商品を売っている。両者は、ともに市民の幸せを実現するための政策を争う同業者である。この二社が、相互の政策競争の中で、切磋琢磨することで、よりよいサービスが提供されるというのが二元代表制である。

●条例による行政?

「法律」による行政は、行政運営の基本である。歴史的に見れば、国王の専横を排除するために、市民の代表で構成される議会の許しがなければ、国王は市民に賦課を課し、権利を制限することができないこととした。それゆえ、国民の代表者で構成される国会は、「国権の最高機関」とされ、「唯一の立法機関」とされる(憲法四一条)。国王がいなくなった今日でも、行政の専横から市民を守るための原則として意義がある。

他方、地方自治では様子が異なる。日本の地方自治制度は、二元代表制で、執行機関である市長も、議事機関である議会も、いずれも市民によって直接選挙される。国とは違って、議会だけでなく市長も民主的な裏付けのある市民の代表機関である。だから議会については、憲法には最高機関ではなく議事機関と書かれている(憲法九三条)。二元代表制の下の議会は何でもできるわけではないのは、地方自治法第九六条の議決事項を見れば分かる。九六条には、議会の議決事項は限定列挙されているが、議会は、もう一つの住民代表である首長の執行権を侵害することはできず、議決の対象となるのは、市政に関係する基本的事項に限られている。

したがって、国権の最高機関である国会がつくる法律と一方の市民代表である議会がつくる条例とは、その優位性において、本質的な違いがある。地方自治では、住民によって選挙された議員が制定する条例と同じく住民によって選挙された首長が制定する規則は、基本的には対等という関係になる。地方自治法第一五条では、「普通地方公共団体の長は、法令に違反しない限り、普通地方公共団体の長の権限に属する事務に関して規則を制定することができる」と規定し、条例の範囲内とは書かれていない。

講学上、条例と規則は対等とされるが、それは二元代表制に由来する。ともに市民の代表がつくる法規範であるから、対等になるのである。「条例による行政」という原理は、当然には導き出されるものではない。

●要綱で懇話会が設置できる場合

判決の論理でいくと、要綱設置の懇話会はすべて違法ということになるから、行政は、政策提案内容をつめるための情報収集を任意の懇話会という形式によってはできないことになる。首長と議会が政策競争をする二元代表制では、相互に質のよい提案を出し合ったほうが、よりよい政策決定につながるが、それができないということである。実際、個々の有識者の意見なら聞くことができるが、何人かで集まって、知恵を結集してもらった場合は違法であるというのは、合理的な説明は難しいだろう。

このように考えると、一律に要綱設置の懇話会が違法であるというのは妥当でなく、一三八条の四第三項についても、条例設置の懇話会と要綱設置でもよい懇話会があるという解釈を取るべきだろう。限定解釈である。では、どんな場合が条例設置なのか。

・市政の重要事項に関する検討は条例設置、軽微なものは条例である必要はない。

・議会に裁量がないものについては条例設置、他方、議会が判断でき、修正ができるものについては、条例設置である必要はない。

等の基準が考えられる。

これは審査会等を条例設置とする意味あるいは議会が関わる意義はどこにあるかから考えていくべきだろう。専門的・公平的判断が求められ、執行部や議会においては、審査会等の判断をそのまま採用すべきもの、つまり、執行部や議会において事実上修正ができずに、審査会等の決定が自治体全体の決定となるような決定がなされる審査会等については、組織設置の段階で条例による縛りが必要だろう。それに対して、自治基本条例や市民参加条例を検討する市民懇話会のように、市民が自治の当事者になって考えることに意義があり、他方、そこから出された提言は、執行部や議会は大いに尊重するが拘束されるものではなく、採否も含めて最終決定権は執行部や議会にあるものについては、必ずしも条例設置である必要はないだろう。

徳島市公安条例判決の舞台を歩く（徳島県徳島市）

徳島市の繁華街である藍場浜、新町橋、東新町、銀座通りが、この大法廷判決の舞台である。これらの街を練り歩いたデモ行進が、道路交通法と公安条例に違反すると起訴された。

私は、徳島へ行くたびに、このデモ行進のルートを歩く。ただ、この事件があったのは昭和四〇年代であるから、今は当時とはだいぶ様子が違っている。銀座通りは真ん中に街路樹が植えられ、これではとても渦巻きデモはできないだろう。また判決文にある丸新デパートはすでに撤収して駐車場になっている。しかも、私の行進は、徳島名産の地鶏を食べた後の千鳥足での蛇行行進であるから、当時の雰囲気を彷彿とさせると書くわけにはいかない。それでも、これまでの法律先占論をあたらため、実質判断説を宣言した最高裁判決の舞台を歩くことができて、うきうきとした気持ちになったことはたしかである。

●法律の範囲内のメルクマール

徳島空港は、今は徳島阿波おどり空港といって、海を埋め立てたところに空港ができているが、以前は自衛隊の松茂基地を使っていた。この基地撤去運動の一環として、渦巻きデモ等を行った被告人が、道路交通法と公安条例違反の罪で起訴されたものである。

条例は法律の範囲内で制定できるが、法律の範囲を超えた条例は違法・無効となる。問題は、何をもって法律に違反すると考えるかであるが、従来は、法律と条例の対象事項や規定文言を形式的に対比し、法律がすでに規定していれば条例で上乗せ規定はできないとされていた（法律先占論）。徳島地裁第一審判決は、この法律先占論に基づき、道路交通法は有罪であるが、公安条例違反は無罪とした。それに対して、控訴、上告があり、最高裁大法廷から出されたのが、この徳島市公安条例判決である。

この判決では、従来の法律先占論を実質判断説に転換し、対象事項や規定文言を対比するだけでなく、法律と条例の趣旨、目的、内容、効果を比較し、両者の間に実質的な矛盾牴触があるかどうかによってこれを決するという考え方を示した。法律と条例の関係を実質的に見ようという考え方であるが、この考え方に基づき、被告人は、道路交通法、公安条例違反ともに有罪とされている。

この判決では、法律違反になる場合とならない場合の判断基準を示している。

まず、法律がない場合では、その法律をつくらなかった理由が、当該事項については規制せずに放置すべきと考えて、あえて法律をつくらなかった時は、それにもかかわらず条例をつくって規律することは、法律に違反することになる。逆に、法律をつくらなかった趣旨が、国で一律に規制するのではなく、地方ごとの判断に委ねるほうが妥当と考えた場合は、条例をつくっても法律に違反しない。

ひょうたん島クルーズ　新町川と仲町川に囲まれた地域はひょうたん島に似ている。このひょうたん島を周遊するクルーズをNPOが運営している。上げ潮の時は、橋をくぐることができないため、いくつかのコースが用意されている。一度、吉野川に出たことがあったが、さすが川幅一キロメートルに及ぶ大河である。乗り場は両国橋横。JR徳島駅から徒歩一〇分。

考えてみると当たり前の話である。

次に、法律がある場合については、二つのケースに分けることができる。

まず、条例と法律が別の目的の場合では、条例が法律の意図する目的と効果を何ら阻害することがない時は、条例は法律違反にならない。逆に、法律の目的・効果を阻害するときは、その条例は法律違反になる。これも当たり前である。

最後に、条例と法律が同じ目的の場合では、法律が全国一律に規制する趣旨ではなく、地方の実情に応じて、別段の規制を施すことを容認する趣旨である時は、条例は法律違反にはならない。逆に、地方ごとの判断を容認しない趣旨の時は法律違反になる。これも至極当然である。

このように、判決は条例が法律違反になる場合とならない場合の合計六パターンを示している。

●大法廷判決をどのように考えるか

判例は実質判断説に立ち、条例ができる場合、できない場合をケース分けしているが、学会ではこの基準は評判が悪い。

まず、この基準は、法律がどのように考えているのかから出発する。法律が地方ごとに独自の条例をつくることを許していれば条例ができるという発想は、相変わらず国が上ということであって、国と地方が対等という地方分権の理念に反すると批判される。また、この基準自体が、あいまいで運用が恣意的になるという批判もある。実際、最高裁判所は、このケースでは、条例が法律の意図する目的と効果を阻害しないとして、被告人を道路交通法と公安条例で有罪としている。

そこで、この判例を乗り越える学説が提案されている。

たとえば、法律は全国最低限の規制を行うものであり、条例による上乗せ・横出しを許容する趣旨とするもの、自治事務については、条例は原則として国法に違反しないという推定が働くという主張、規律密度が高い法律は憲法違反であるが、この規定を標準的規定と解することで、条例でこれと異なる規定を定めることも可能といった見解も出されている。これら提案は勢いはよいが、問題は、その主張にリアリティがあるかどうかである。自治体側について言えば、この見解の意図に応えられるか、つまり自治体がそこまで自信を持って条例制定を行っているかという問題である。詳細は省略するが、条例をつくるということが、他のまちの条例の良いところを寄せ集めて、条例をつくっている現状を見ると、私はそこまで胸を張って言う自信がない。

徳島市公安条例判決の基準は、総じて評判が悪いが、私はむしろ使い勝手がよい基準だと思っている。つまり、地方が規制の必要性をきちんと説明し、立証さえすれば地方の主張が通る基準だからである。自治体の力量が問われる基準と言えるだろう。

●条例をつくるとは

「条例をつくる」という意味が誤解されている。条例をつくるというと、すぐに「第一条　この条例は……」といった条例文をつくることだと思われているが、これは誤りである。私も横浜市役所で何度か条例づくりを体験したが、私にとって条例づくりとは、「調査・調整、仕組みづくり、三、四がなくて条文づくり」である。つまり条例をつくるとは、

① いくつかの政策課題のうちから、重要かつ実現可能なものを選択し、
② 時には躊躇する（条例をつくらずに何とかならないかと言う）行政内部を説得し、
③ その政策によって影響を受ける（それゆえ強い反対活動を展開する）利害関係者を説得し、
④ 市民の中に入って議論をしながら関心を盛り上げ、

⑤ 何とかまとまった政策案を条例という形式にまとめ上げ、
⑥ それを法規担当者と相談ながら条例案文に練り上げ、同時に
⑦ 議会・議員へ提案・説明しながら、理解を得られるまで協議して、
⑧ そして、いよいよ条例案として議会の議決を得る。

までの全体を言う。

私が条例づくりで私が思い出すのは、事業者や行政内部の利害関係者と行った調整（より正確に言えば、説得、強談、懇望……）の場面ばかりで、私にとっての条例づくりとは、仕組みづくり（条文づくりではない）と利害関係者の調整（法律との整合性ではない）である。

条例案を示すと役所内の関係課は、「いいことではないか。でも、自分たちの担当ではない」と言う。総論賛成各論反対である。これは市民も同じである。「まちのためにいいことだと思うが、自分たちが負担を被るのは困る」というのである。それを解きほぐして何とか合意に持って行くのが調整・仕組みづくりである。それができていれば、文章化は簡単である。条例の案文づくりは、条例づくりの一要素ではあるが、全体に占めるウェートはきわめて小さいというのが実感である。

Ⅲ　参加・協働の視点

住民投票は幸せな制度か（奈良県斑鳩町）

斑鳩を集中的に訪ねたのは一九七〇年代の初めのころである。金はないが時間はふんだんにある学生にとって、斑鳩への道は各駅停車の旅であった。横浜から夜行で名古屋まで行き、そこから関西本線で奈良に入る。朝、加太越の峠を越えた時の高揚感は、今の新幹線では、とうてい味わえない。法隆寺から法輪寺、法起寺というのが私のいつもルートである。法隆寺と言えば壊れた白壁、法輪寺の山深さ、田園風景の中の法起寺というのが私の思い出であるが、四〇年という時の流れは、風景を大きく変貌させた。法隆寺の白壁は、旅人を寄せつけないように高く堅牢になっていて、当時の思い出は、いくら探しても見つけることはできなかった。法輪寺の三重の塔は再建され、法起寺の横にはバイパスが通っていた。

斑鳩も変わったが、私も変わった。帰りがけに、日帰り入浴施設の看板を見かけると、魅かれるように歩き始め、気がつくと、その玄関に立っていた。受付のおじさんとひとしきり話をし、そこのお風呂にゆっくりと入り、隣に座ったおばちゃんたちと、つまらない冗談を言いながら食事をするという、いつものパターンになってしまった。孤高の一人旅は、見る影もない。

法起寺　法起寺は別名、岡本尼寺、岡本寺などと呼ばれている。法隆寺、四天王寺、中宮寺などとともに、聖徳太子御建立七ヵ寺の一つに数えられている。法隆寺とは逆に金堂が西、塔が東に建っていて、これを法起寺式伽藍配置という。法起寺の三重塔は、現存最古で、創建は慶雲三（七〇八）年とされる。法隆寺地域の仏教建造物の一部として世界遺産に登録されている。ＪＲ王寺駅よりバスで一五分。

地方自治制度の中で、私自身の評価が大きく変わったのが、住民投票制度である。かつては民主的で先進的な制度だと考えていたが、今では二流の制度だと思っている。

●住民投票と民主主義

住民投票制度をめぐっては、たくさんの論点がある。住民投票の対象となる案件、有権者の範囲（年齢、居住地、国籍など）、請求に必要な連署数と手続き、投票の成立要件（投票率によっては開票しないなど）など枚挙にいとまがない。反面、民主主義の本質に関わる基本事項については、所与のものとして、十分に議論されていない。

住民投票は、民主的な制度の代表のように言われているが、私は、民主的とは微妙な距離にある制度だと考えている。これは民主的とは何かという理解と関係する。

みんなが参加することが民主制の本質だとすると、住民投票はまさに民主的な制度である。誰でも投票に参加できるからである。しかし、民主主義とは価値の相対性で、さまざまな価値、意見の中から、より良いものをつくり上げていくことが本質であると考えると、住民投票は、民主主義とは一定の距離がある制度になる。

私たちの憲法の基本原理は、個人の尊重である。小さな声、弱い声も大事にされる社会をつくるのが憲法の目標である。言い換えると、私たちの社会は、数でAかBかを決める社会ではなく、知恵をたくさん繰り出して、AとBのよいところを伸ばしていく社会である。

ハワイに行くか、近くの温泉にするのかの選択肢しかなく、数で負けると、近くの温泉に行かざるをえない（たいていの場合、お金がかかるからと言って、近くの温泉に決まる）。ハワイを提案したのは、この際、思い切って海外に飛び出てみよう、新たな世界を切り開いてみようと考えたからであるが、その思いがうまく伝わらない。話し合えば、思いが理解され、「じゃあグアム島にしよう」ということになるかもしれない。

自分の関心事だけで動くのではなく、まちのことや他者のことまで思いが及び、それらの人々が持つ不安を乗り越える対案を出すのが、私たちの民主制である。住民投票は、参加の仕組みとしては優れているが、よりよいものを決定する仕組みとしては十分とは言えない。

●住民投票の権力性

住民投票では、結果として少数者を数の力でねじ伏せることになる。数で決まったから従えというのである。住民投票は、小さな声を力ずくで否定してしまう。住民投票には権力性がつきまとうが、住民投票を声高に主張する人たちの持っている、ある種の権力性（非妥協的な雰囲気）に、私は戸惑うことが多い。

住民投票の結果、コストがかかるからと言って、福祉施設はできないことになる。図書館も必要ないということになる。福祉施設利用者も図書館利用者も少数だからである。市庁舎も立て直しができないことになる。市役所職員も少数だからである。自分が福祉のお世話になる時に、初めて、数で決めた愚を悟ることになる。大災害が起こって、市役所がつぶれて、救援機能がマヒして初めて、失敗だったと分かることになる。

住民投票と言うと、私はすぐにヒトラーのナチスを思い出す。アウシュビッツは、ナチスのせいにされるが、ドイツ国民の大多数が支持したからこそできたのである。

映画『ヒトラー最後の一二日間』では、ソ連軍が間近に迫るベルリンの地下指令室で、このままではベルリン市民の被害が甚大になるため、降伏を勧める幕僚に対して、ヒトラーは、「知ったことか。私は彼らに頼まれてこの戦争をしたのだ。自業自得だ」と言い放つが、つけは、結局、私たちに国民に戻ってくる。

住民投票の無責任性も気になるところである。この制度は決定したことに責任を取る人がいないシステムだからである。少数者の立場からは、判断の間違いを訴えたいところであるが、多数者の市民は訴えの当事者にはなってくれない。住民訴訟で責任者を訴えても、「住民の意思に従っただけである」という回答が返ってくる。責任を取ってくれる人が誰もおらず、多数者によって権利を侵害された考える人たちは、訴えの持って行きどころがない。

●小平市の住民投票

注目していた小平市の住民投票の結果が出た。結果は、投票率三五％で開票せずとなった。

これは一九六三年に都市計画決定された都市計画道路の未着工部分のうち、小平市内分の計画について、「住民参加により見直す」か「見直しは必要ない」かを問うものだった。開票にあたって五〇％条項があり、投票率が五〇％にならなかったため、開票されなかった。この結果に対して、五〇％条項は厳しすぎるという論調が目立つが、本当だろうか。

住民投票制度で特に押さえておくべきは、住民投票には法的拘束力がなく、執行部や議会が判断する際の参考意見にすぎないという点である。この点は、憲法改正の国民投票とは違う。

しかし、法的意味と政治的意味を区別する必要がある。たしかに法的には参考意見であるが、政治的には、事実上、拘束的な運用になる。みんなが「そうだ」と言っているのに、「違う」と言うのは、勇気がいることで、生半可でできることではないからである（ただし、市民の多数が「そうだ」といっても、違うと言うべきときは「違う」と言うのが政治である。ドイツでは、かつて市民の多くが、ユダヤ人を隔離しろと言ったが、それに追従するのではなく、「それは違う」というのが本来の政治家である。市民も間違えることがあるからである）。

住民投票の結果に、市長も議員も事実上、拘束されることになるから、小平市では三〇〇〇万円の税金を使って、住民意思を確認しようとしたのである。もし、単なる参考意見にすぎなければ、こんな莫大なお金をかけ、エネルギーを使わないだろう。事実上、市政を縛ることになるから、少ない投票ではいけないということになり、五〇％条項が現実的な仕組みとして提案されることになる。

●投票に行かなかった人

全体の論調では、投票した三五％の意向に注目が集まっているが、同時に重要なのは、投票しなかった六五％についてである。

なぜ六五％の人は、投票に行かなかったのか。いくつかの理由が推察される。

① 二者択一では選べない……緑の保全は魅力的であるが、他方、渋滞に巻き込まれ、救急車の中でハラハラしているお母さんを想像すると、やはり道路整備も必要ではないか。想像力を働かせ、さまざまな状況に思いを馳せると、二者択一ではとても決められない。よく分からないという意

見も、これとかぶるのだろう。

② 興味、関心がない……興味も関心もないという人も、結構多いだろう。関心がないから、投票があるのを知らなかったという人もいるだろう。

③ 積極的に投票に行かない……こちらは五〇％条項を盾にとったボイコット運動である。数は少ないだろうけれども、そう考えた人もいるだろう。

④ どうせ開票されない……市長選挙でも三〇％台であるので、とても五〇％にはならない。投票に行っても無駄と考える人もいるだろう。これはこのテーマは、みんなの関心が、さほど高くないと判断したということでもある。

小平市の住民投票は、正式に決まった都市計画決定に異議を唱えるものである。すでに決定していることを覆すのであるから、分からない、選べないは、決定事項を積極的にひっくり返すつもりはないという現状維持派に分類できる。このサイレント・マジョリティの意見や思いを斟酌し、政策に昇華するのは、現行の仕組みの中では、首長や議員の役割である。

興味がないという人たちの関心を高めるのも、みんなの関心が高くないだろうと思っている人たちを少しでも減らすのも、これも主に現状を変えたいと思っている人たちの役割だろう。

全体としては、住民投票に行かなかった人は、現状維持派＝すでに決定されたことを積極的にひっくり返すつもりはないという意思の人が、多いということになるではないか。

このように考えていくと、投票率が五〇%でも少なすぎるのではないかという意見も出てこよう。五〇%というのは、有権者全体の二五%プラス一名で、決定できてしまうということである。残りの七五%マイナス一名のほうが、もしかして多数意見かもしれないからである。

●住民投票制度で大事なこと

全国で住民投票制度が導入されているが、制度化にあたって必要な議論のポイントがずれているように思う。

民主主義のあるべき姿から考えると、投票によって〇か×で決する住民投票制度は、考えに考え、議論に議論を重ねても、甲乙つけがたいとなった時に使う制度である。言葉は悪いが、いよいよ知恵が出ず思考停止に陥った時に使う制度である。

その意味では、発動要件である「住民の五分の一」といった数字は、本質的な条件ではなく、「議論を尽くしても決めきれなかった時」というのが本来の発動条件になる。条文にどのように書くのかは難しいが、そういうことではないか。

住民投票制度の制度設計にあたっては、住民が十分に判断して投票できるように、事前準備の仕組みづくり（十分な情報、議論の場など）に、大いにエネルギーを使うべきである。論点をきちんと整理し、それぞれの主張のプラスマイナスを分かりやすく示すことは最低条件である。

新城市の自治基本条例では、住民投票の前には、市民が集まって一度きちんと議論する機会（市民まちづくり集会）をつくると規定されている。住民がきちんと判断できるようにする仕組みであるが、みんなで議論した結果、妥当な妥協案が出されて、住民投票を止めようということになれば、これが一番良い結論である。

協働のミスマッチはなぜ起こるのか（広島県廿日市市）

廿日市市は、広島市から西に電車で二〇分くらいの町である。南に瀬戸内海が広がり、広島市のベッドタウンとして、比較的早くから開発された。その廿日市市で、協働を基本としたまちづくり条例をつくることになり、そのキックオフシンポジウムで話をすることになった。

廿日市の名称は、毎月二〇日に市が開かれたことに由来する。全国に一日から十日まで市の名がつく町がたくさんあるが、廿日市というのは珍しいそうだ。たしかに二〇日だと月に一度しか市が開けない。廿日市は、中世以降は中国地方の木材集積地としても栄えたようだ。平成の大合併で、日本三景にひとつ安芸の宮島も廿日市市になったが、厳島神社詣の観光客が多く集まる町となった。

宮島の名物と言えば穴子である。宮島口には穴子料理の店が並ぶが、明治三四年創業という老舗「うえの」には、その二階に隠し部屋のような異空間がある。使い込まれた木と穏やかな光づかいは、旅人の心を和ませ、料理を一層引き立たせる。

廿日市市へは広島から電車で向かったが、途中、五日市という駅があった。連れ合いには、ここは五日市で、これから行くのは廿日市だから、まだ四分の一ほどを来ただけだろうと言ったが、次の駅が廿日市だった。五日からあっという間に二〇日になった。

●協働とは何か——参加との違いから

ここ一〇年の間に急速に認知度を上げた言葉の一つが協働である。協働の意義については、参加との違いを考えると、その意味がよく理解できる。

参加と協働は、同じではない。同じならば、わざわざ協働という概念をつくる必要がないからである。

まず、参加と協働は生まれが違う。参加は、国民国家ができて以来の理論である。一七八九年のフランス革命で、国王の国を打倒して自分たちの国をつくった市民に、政府を市民の政府にするための権利として、参加権が保障される。この国家の理論を地方に当てはめて、市民が自治体政府をコントロールして、市民のものとするための基本的権利として参加権が認められる。参加は二〇〇年以上の歴史を持つ権利である。

これに対して、協働は一九九〇代に入って生まれた概念である。地方自治の諸課題は、地域住民の協力や主体的取り組なしには解決できない。地方自治では、公共は自治体政府だけが担っているのではなく、地域団体、NPO、企業も担っている。また人口減少、少子高齢化の中にあって、税収はますます減っていくが、政府だけが公共を担っていては、どんどんジリ貧になるばかりである。市民も

宮島　嚴島神社は，推古天皇時代の創建とされる。嚴島神社の社運が盛大になったのは平清盛の庇護を受けてからである。海に浮かぶ大鳥居や波が洗う社殿などの建造物群といった景観は，日本人の美意識の一基準となったもので，日本人の精神文化を理解する上で重要な資産とされ，1996年には世界文化遺産として登録された。宮島へは宮島口桟橋よりフェリーで10分。

公共の担い手としてきちんと位置づけて、大いに力を発してもらおうというのが協働論である。行政は税金で、市民は知識、経験、行動力で、公共を担っていくのが協働である。ともに公共を担うから協働である。

同じ公共の担い手として、役所と市民が一緒に汗をかくこともあるし、それぞれ個別に活動することもある。後者の場合も公共のために働くから協働である。これを私は「一緒にやらない協働」と言っている。

協働をこのように考えると、役所の仕事ぶりが大きく変わってくる。市民が公共を担えるように、大いに支援し、応援することも協働政策の内容になってくる。

●協働のコツ——アメリカのまちづくりから学ぶこと

協働型まちづくりの原型は、アメリカのまちづくりである。一九七〇年代、アメリカでは、白人の有産階級が道路網の整備とモータリゼーションの発達で、郊外の一戸建てへ逃げていく。街の中には、低所得者、あるいは密入国者、さらには犯罪者や麻薬中毒者が住み始め、犯罪やさまざまな問題を起こすことになる。

たとえばニューヨークであるが、一時は危険な都市として有名だった。ニューヨークは観光都市でもあるが、そんな危険な街には、誰も遊びに行かなくなる。ニューヨークの五番街と六番街の間、四二丁目あたりは、ニューヨーク公共図書館、その隣がブライアント公園と観光スポットであるが、ブライアント公園で麻薬取引が行われ、殺人事件まで起こると、観光客は寄りつかず、その周辺のお店は、商売が立ち行かなくなる。そこで立ち上がったのが周りの商店主の人たちである。仲間同士でNPOをつくり、地域住民と一緒になって、まちの浄化活動を始める。協働型まちづくりである。

実は、ここに協働がうまくいくヒントがある。つまり、協働は、協働しないと困る状況でなければ、なかなか前に進まないのである。ニューヨークでは、これをやらないと商売ができなくなるから、住民は立ち上がるのである。協働がトレンドだからとか、総合計画に書いてあるからという理由では協働は成功しない。職員一人ひとり、市民のそれぞれが、「やるっきゃない」と思えることが、協働がうまくいく前提である。

●協働のミスマッチはなぜ起こるのか

自治体と市民活動団体との間で協働のミスマッチが起こるが、どのように解消したらよいのかという質問を受けることがある。

私の回答は、質問者を満足させるものにはならない。協働には一緒にやる協働と一緒にやらない協働があるが、一緒にやる協働においては、市民活動団体も行政の行動原理に縛られるので、ミスマッチは避けることができないからである。

一緒にやる協働は、行政と一緒という時点で、行政のテリトリー内での協働になる。つまり行政の行動原理に縛られるということである。行政の行動原理は、適法性、公平性、公正性、行政計画への整合性等である。これは行政が税金で動く組織だからである。他方、市民活動団体は、自分たちが大事だと思うことを自分たちの金で行うので、行政の行動原理とは無関係に動くことができる。そこが、ミスマッチが起こる原因で、協働のミスマッチは構造的な問題である。

それに対して、行政は行動原理に縛られることなく、柔軟に対応すべきという意見もあるが、それはないものねだりである。行政が適法性等の行動原理を逸脱したら、それは行政ではなくなるからである。この限界を超えて、補助金を出せば、監査請求や住民訴訟の対象になり、担当者が損害賠償責任を負い、懲戒処分を受け、下手をすると職を失うことになる。

ただ、行政の限界をめぐっては、微妙なグレーゾーンがあるので、行政も努力する余地は十分ある。

●協働型自治経営

地方分権の進展で、地方のことは地方でやっていくことになり、もはや国は面倒見てくれず、自分たちのことは自分たちでやるしかない。また人口減少や少子高齢化が進む中、税収は大幅に減少する一方、社会保障費はますます増大する。少ない税収で、どうやって自治を維持していくのかが問われてくる。

明らかなのは、税金だけで行政サービスを賄うという方法では限界があるということである。税金を使った公共サービスと市民の知識、経験、行動力による公共サービスを両輪のように回しながら、まちを維持していくしかないであろう。

協働による自治経営とは、限られた税金をこれまで以上に有効に使うとともに、こうした市民のパワーを社会的なエネルギーに変えて、公共サービスを実現していくことである。そのためには、行政や議会も、従来の行動様式を大きく変えていかねばならない。これは一定の豊かさを実現し、市民の層が厚い日本ならば、できることだと思う。

婚活の手段としてのプラーヌンクスツェレ（香川県高松市）

高松を最初に訪ねたのは四〇年ほど前のことである。大学で同じクラスになった友人が高松出身で、夏休みにふらっと訪ねたが、大いに歓迎してもらった。その後、その友人が私の妹と結婚することになり、結婚式やさまざまな機会に高松に来るようになった。最初のころは、短い滑走路の空港で、飛行機はＹＳ11、讃岐特有の円錐形の山々の間の小さな滑走路にすり抜けるように着陸した。

何度も来ているので、すっかり土地勘もついた。時間があると、丸亀町や南新町の商店街を歩く。高松のアーケードは長さ日本一で、乾物・海産の丸一などを冷やかしながら、南珈琲店で一休みするのがパターンになった。高松と言えば、栗林公園が有名であるが、私はやはりアーケードである。

学会の帰り、空港で飛行機を待っていたら、妹たち家族とばったり会ったこともある。甥っ子に「もしおじさんが、きれいな女の人と一緒だったら声をかけなかった」とからかわれたが、そんな僥倖は私に起こるはずもない。

さて、プラーヌンクスツェレを意訳して、見知らぬ男女が出会う場と言ったのは、わがゼミ生たちである。費用がかさむため市民参加のベンツと言われ、ドイツから始まった新しい市民参加手法も、彼女たちにかかると、軽快なスポーツカーに変わる。

●プラーヌンクスツェレとは何か

プラーヌンクスツェレは、ドイツ語でPlanungszellen、英語でPlanning cellsであり、それを直訳して「計画細胞」とされる。しかし、あまりに直訳すぎて何のことだか分からない。

これは複数の小グループに分かれて、ワークショップをするところが「細胞」のようだからということであるが、「小集団」で「意見交換」をし、「熟議」の結果として、「意思決定」する「会議」というのがキーワードなのだろう。この要素を凝縮すると適訳ができると思う。

ドイツにおけるプラーヌンクスツェレの基本的な特徴・内容をまとめると、次の通りである。

- 二五人程度の単位で四日間討議を行う。
- 無作為抽出により選ばれた、多様な市民が参加する。
- 参加報酬（有償）により討議に参加する。
- 賛成意見と反対意見の両方の専門家による情報提供を行う。
- 情報提供の後は、五人の小グループに分かれて討議とまとめ（投票）を行う。
- 市民全体・地域全体の公益意識を高める教育的効果がある。
- 出された結論は、市民鑑定として行政機関に提出する。

地域の縮図のような人々が集まり、地域の課題や未来を議論して、合意形成していくことはますます重要になってくる。プラーヌンクスツェレは、こうした自治を育む手法として、日本でも広く活用されていくだろう。

●プラーヌンクスツェレの日本的意義

プラーヌンクスツェレは、ドイツでは政策決定の方式としても使われているが、日本では無理がある。間接民主制との関係もあるが、二日間くらいの短期間で、メンバーチェンジしながら検討する方式は、熟議の点では、十分ではないからである。つまり政策決定されたと言えるまでに議論が深まらないからである（熟議となるには、半年から一年間くらいの議論期間が必要ではないか）。

この方式で最も興味深いのは、参加と抽選を組み合わせた点である。これまで自治体は、市民の主体性を前提とする数多くの参加の仕組みを開発してきたが、思ったほどの成果が上がっていない。要するに、参加の仕組みがあることと実際に参加することとでは、大きな乖離があるということである。それを補うために、参加という主体性と抽選という受動性をミックスする制度設計が実に新鮮である。実際に参加した市民に聞いてみると、自分宛に参加の依頼が来て、それに後押しされるように出席するという。

この制度は、市民を政策の当事者にするものである。支配と被支配の交代、つまりいつもは受身の立場にいる市民を今度は政策決定をする立場に置く制度である。このように考えると、抽選に当たり参加するというのは、市民にとって権利であり、また責務でもある。行政側から見ると、新たな市民の発掘方法にもなる。参加者を見ると、これまで政策決定過程に参加した経験はない人が大半だからである。

●若者とプラーヌンクスツェレ

二〇一三年九月に相模原市南区で、若者を対象としたプラーヌンクスツェレが行われた。

一般にプラーヌンクスツェレは、市民各層をそのまま再現するため、一定の世代を抜き出した抽出はやらないが、今回は一六歳から三九歳までの若者を住民票で抽出した。テーマが、若い人の社会参加であるので、それを若い世代に議論してもらいたいと考えたからである。

住民票で三〇〇〇人を抽出したが、実際の参加希望者は二六人で、参加率は一%を切った。一般には三%程度の参加率があるので、やはり若い世代が、まちづくりに参加することが少ないという傾向は否定できないであろう。しかし、考えてみると一%という数字は大変な数である。あまり欲張らずに、ここから始めたらよいであろう。

ドイツでは、プラーヌンクスツェレは、市民参加のベンツといわれるが、日本ではせいぜいバイクである。今回もかかった経費は、特別割引を使った郵送代くらいである。ポスターやチラシをたくさ

高松丸亀町三町ドーム　兵庫町・片原町・丸亀町の三つの商店街アーケードをつなぐドーム。イタリア・ミラノのガレリアを模した半球形ドームで，直径は約26m，高さは9階建てのビルに匹敵する。透明ガラスを通して，青空が透けて見える。丸亀町など八つの商店街で構成される高松中央商店街は，総延長が2.7km，長さ日本一のアーケードを誇る。JR 高松駅から徒歩10分。

ん作っても、若者二六人は簡単には参加しない。しかも、今回の参加者の大半は、行政主催の会議に初参加の若者たちである。こうした若者を発掘する経費としては、安いと言えるだろう。

配慮したのは、今回参加した若者をまちづくりの仲間とする工夫である。提案を受けて新たなプロジェクトが動き出す時には、検討グループに入ってもらおうと考えている。これも自分が提案した意見を人任せにせずに、自ら具体化するという住民自治の一環でもある。日本版プラーヌンクスツェレは、どんどん進化して、ドイツ方式の枠組みを超えている。

もできる。

●婚活の手段としてのプラーヌンクスツェレ

プラーヌンクスツェレは、市民を無作為抽出で選ぶので、さまざまな分野に活用できる。総合計画づくりや事業仕分けなどの諸事業、また子育てや定年退職といった世代をターゲットにした会議などもできる。

ここでの提案は、このプラーヌンクスツェレを婚活の手段にできないかというものである。見知らぬ男女が出会い、まちの課題を真剣に考える会議である。一日中、一緒に話をしていれば、その人の人となりは、大体分かるだろう。街コンは、苦手だという人もいるかもしれない。その人たちの出会いの場になるのではないかというのが、ここでの提案である。

このアイディアの言い出しっぺは、わが松下ゼミの学生たちである。新しい発想は、門外漢から出てくるという典型例だろう。案外、プラーヌンクスツェレの本質をついているのかもしれない。

区民会議から学ぶこと（神奈川県相模原市南区）

相模原市は印象の薄い都市である。関西まで行くと、相模原市の位置関係はだいぶあいまいになる。説明する側も決め手に乏しく、神奈川県の真ん中くらいというあいまいな表現になってしまう。稀ではあるが、相模原市ではなくて相模市だと思っている人に出会うことさえある。

それでも相模原市は政令指定都市である。相模女子大学のある南区、市役所のある中央区、緑のたくさんある緑区の三区体制で、人口約七二万人、三二八・八平方キロメートルの大都市である。

この相模原市南区で、私は区民会議の議長をやっている。やってみようという気風のあふれている市民組織で、この春、区民会議を退任したMさんの口癖は、「若い人がやってみようと言っているのだから、細かいことは言わず応援しよう」である。みな地域で活動している実績がある人ばかりなので、高みからの議論や対岸からの批評は、この会議では相手にされない。

相模原市は、中心となる核のない町と言われる。たしかに鉄道は、JRは横浜線、相模線、中央線、私鉄は小田急線、京王電鉄線が走り、駅数は一六にもなる。ただし、どの駅もメジャーな駅とは言えない。たしかに相模原市には核はないが、米軍基地はたくさんある。

●大区役所主義・小区役所主義

政令指定都市には行政区が置かれる。行政区は東京の特別区とは違って、あくまでも行政の一機構にすぎない。区長は自治体職員で市長によって任命され、また区議会もない。

政令指定都市は、人口規模が七〇万人以上と多く、また県から移譲された事務などもあって、行政事務も膨大になるため、市域を分けて行政サービスを行ったほうが効率的である。また政令指定都市は広域であるため、同じ市でも地域ごとに違いがある。相模原市の場合でも、南区は都市的要素が強いが、旧相模湖町や藤野町で構成される緑区は、自然が豊かな行政区である。同じ市だと言っても違いがあるので、この違いを前提に、行政区ごとに、その独自性を活かす政策を採るほうが好ましい。

行政区には区役所が置かれるが、区役所の権限については、法は規定しておらず、各市の判断で定めることができる。大別すると、戸籍、住民基本台帳、税、国民健康保険、国民年金、福祉などの日常的・定型的な窓口業務を中心とする小区役所制（大阪市、名古屋市、京都市など）と、これらに加えて保健、土木、建築などの業務を幅広く行う大区役所制（横浜市、川崎市、広島市、仙台市など）に分けることができる。私が勤めていた横浜市は、昭和四〇年代から大区役所制を標榜していた。

相模原市の区役所は、スタートしたばかりということもあって、区役所には総務課、地域振興課、住民課の三課しかない小区役所制であるが、近年の傾向としては、区役所を地域の総合的な行政機関としての位置づけ、大区役所とする傾向にある。

●区民会議の役割

行政区には区民の代表者を集めた区民会議が置かれる場合がある。神奈川県下では、横浜市、川崎市、相模原市の三政令指定都市とも区民会議がある。

区民会議の位置づけは、自治体ごとにさまざまで、区民会議を行政の下部組織的に位置づけるものから、区民による自治的な会議に純化して行政と切り離すものまで幅がある。区民会議に長い歴史を持つ横浜市では、後者の方向で、かじを切ったようだ。

区民会議の役割、機能についても、行政による広報の相手方から地域まちづくりの主体まで幅がある。自治体ごとの特性や考え方次第なので、何が正しいということはない。ただ、相模原市の場合は、市民と行政の協働組織として位置づけたほうが得策だろう。

これは、相模原市が安全運転の自治体だからである。政令指定都市にはなったが、後発組ということもあり、控え目な存在である。現在のところ、政令指定都市という看板が、やや重荷になっているようにも見える。こうした相模原市を応援し励ますことが、区民会議の役割だと思う。

二〇一三年の春、転勤になったS課長さんが、最後のあいさつでいみじくも言っていたが、南区で新たな試みをやろうと思った時に、行政内部からさまざまな抵抗を受けたが、最後の説得の決め手は、やはり「区民の意見」だったという。実際、南区区民会議のメンバーは、さまざまな実践活動をしている人たちなので、机上で考えた頭でっかちな提案はしない。だから、その提案は納得性の高いものになっている。その分、説得力がある。行政も区民会議の優位性を大いに活かすべきで、地域の希望や期待を区民会議が大づかみに提案し、あとは行政の詳細な検討に引き継げるような関係になればよいと思う。

●住民の会議とするために——やり方の工夫

区民会議は、市民同士で意見を出し合い、議論する会議であるはずであるが、設立当初、驚いたことがある。参加した委員が、行政に向かって質問しているのである。おそらく、これまで役所の会議は、こうしたスタイルでやって来たのだろう。私は議長であるので、「どっちを向いて話しているのですか。私が議長なので私の方に向かって話してください」と言ったが、そんなことを言われたのは初めてかもしれない。

みんなで議論できるように、机の配置を変えることにした。それまで四角に配置していた座席を丸く設定したのである。丸くすると全員の顔が見える。隣の人との間隔も狭くなるので、腕組みをしてふんぞり返っている余裕もない。こうするだけで、質問や苦情ではなく提案が出てくるのである。

ワークショップもやってみた。区役所にとっては、区民会議は高い位置づけの会議なので、運営は一般には仰々しく、委員も事務局も神妙に澄ましている会議となる。従来のやり方では、会議中発言できるのは、一度か二度である。二五人も委員がいると、一度も発言できずに帰る委員さんが出てしまう。これはもったいない話である。見込まれて委員になった人が、その力を出せなければ宝の持ち腐れである。みんなが大いに知恵を出すべき時は、形式にこだわる必要はない。「みんなで楽しく、真剣に、話し合う、聴き合う」が自治の基本である。

相模女子大学　日本で四番目に古い女子大学である。広大なキャンパスには、さがみ野の自然が残っている。正門から続く銀杏並木がドラマ等の舞台になるが、グランドを囲む桜並木、フランス庭園の枝垂桜、樹齢一〇〇年と言われる百年桜など、春の桜も美しい。小田急線相模大野駅徒歩一〇分。

こんな区民会議のやり方に対して、後日談がある。参加メンバーにとって、この会議の発言の自由さ、議論の活発さは随分と新鮮に見えたようで、今度は自分の組織に戻って、この区民会議の方式で会議進行をやっているというのである。うれしいことである。

●住民の会議とするために――代表の選び方

最初の区民会議で、議長（代表）を決めることになった。事前に事務局から話があり、代表を引き受けてくれないかという。私は、むしろ議長をやりたいわけではなく、むしろ基本的には地域の人が中心となってやるべきだと考えていたが、仕方がないかなと考えていた。

ところが実際の会議では、事務局の目論見通りには進まず、自治会の代表を推す意見と私を推す意見が出て推選合戦になった。手を上げて発言した人の大半は、自治会代表を推す意見が多いようだった。結局、推薦人が相譲らず、出席者に挙手で決めてもらうことになった。結果は私が多数ということになり、議長を引き受けることになった。

ここでは、いくつか考えることができる。まず、手を上げて発言をした人のうち、私を推す意見が少なかったが、結果は正反対になった。声に出した数が多くても、それが必ずしも多数ではないということである。自治の現場でも、上がった声は全体なのか、少数なのかの見極めが難しい場面がたくさんある。場に流されずに、全体の流れを見極めることの大切さを改めて実感した。

そもそもは、初対面の人が集まって、いきなり議長を決めるという設定自体に無理がある。今、会ったばかりで、誰が誰だか分からない。従来型のすべてお膳立てが済んでいる会議ならば、それもありうるが、今日では、そうした形式的な会議そのものが問われている。人格、見識とも、みなが納得するリーダーを選ぶには、最低三回くらいの会議を経なければ分からない。だから、市民中心の会議では、座長選びは、最初にやらない方がいい。何回も会議をやっていると、この人ならばという衆目が一致する人が必ず出てくる。

地域には、従来型の自治を変えるヒントがたくさん埋もれている。

NPMはどこに行ったのか（ニュージーランド・クライストチャーチ市）

ニュージーランドでは、私はマット・スシ（Mat・sushi）と呼ばれていた。

ニュージーランドは、日本の行政改革の見本として、大いに喧伝された。そして、その多くは失敗とされ、今日ではすっかり忘れ去れている。

マット・スシ（Mat・sushi）は、ニュージーランドの南島を小旅行した時に、バスの運転手のおじさんが予約客である私たちに恥ずかしそうに問いかけた名前である。あまりに大受けだったので、それ以来、ニュージーランドでは、Mat・sushiを名乗ることにした。実際、ニュージーランドには「sushi」という看板を出している店が多い。おじさんのとっさの思いつきもよく分かる。

●NPMとは

NPM（New Public Management）は、民間企業のマネジメント手法を公的部門に導入して、公的部門の効率化・活性化を図るものである。

NPMのモデルであるイギリスでは、財政赤字、インフレ、高失業率といった、いわゆる英国病に悩み、それを克服するために、小さな政府を標榜して、政府部門の縮小、競争原理の導入、規制緩和・自由化等が行われた。NPMのねらいは、これまで供給サイド（行政側の都合）で考えてきたサービス提供を需要サイド（住民の視点）から考えてみようというものである。

市場メカニズムの採用は、公的部門に競争環境を導入し、少ない費用で大きい成果を生み出そうというものである。民営化、民間委託、エージェンシー、PFIなどの手法がある。

顧客主義の重視は、公共サービスの顧客である市民の満足度を重視するという考え方である。単に接客マナーを改善するというものではなく、公共サービスの質的改善を目指すものである。

ヒエラルキー構造の簡素化は、管理重視のヒエラルキー組織からマネジメントの容易な小単位・フラットな組織にすることである。業務執行部門の独立化と裁量権の賦与、その権限行使についての責任の所在を明確にすることなどがある。

業績・成果による統制は、インプット（資源投入量）の管理から、アウトプット（政策施行による直接的な結果）やアウトカム（政策施行によって生ずる間接的な成果）による管理への転換である。その手法として、業績評価システムの導入等が行われた。

NPMを発展させたニュージーランドでは、アウトプット予算への転換や発生主義会計の導入が行われた。また大臣と公募で選ばれた各省次官が業績契約を結び、その契約に基づいて各省が行政運営を行うという思い切った制度が採用された。

クライストチャーチ　ニュージーランド南島最大の都市。庭園の美しい都市として知られ，ガーデン・シティとも呼ばれている。市内には600以上の公園が点在している。ハグレー公園は，クライストチャーチを代表する公園で，芝生と木々が美しい。街の中をエイボン川が大きく蛇行しながらゆっくり流れている。ハグレー公園はクライストチャーチ大聖堂から西へ徒歩10分。

日本でNPMという言葉が注目されるようになったのは、二〇〇一年六月に小泉内閣が閣議決定した、いわゆる骨太の方針以来である。国民は、公共サービスを提供する行政にとっていわば顧客で、国民は、納税の対価として最も価値のある公共サービスを受ける権利を有し、行政は顧客である国民の満足度の最大化を追求する必要があるとしている。ただ日本では、バブル経済の崩壊後にNPMが採用されたため、NPMは、膨れ上がった業務や組織の見直し、不要不急事業のカット、外郭団体等の統廃合を内容とする縮減型となった。

●民感区役所

自治体において、顧客主義を具体化する試みの一つが二〇〇三年から始まった横浜市の民感区役所である。これは当時の中田市長の発案で、「企業研修経験者を集めた区役所をつくろう」というものである。民感区役所とされた横浜市港南区役所では、管理職の多くは企業研修経験者で固められた。

民感区役所宣言を見ると、

(1) より快適な区役所に変わります（区役所を明るく快適な空間とします。分かりやすい区役所をつくります）。

(2) より親切な区役所に変わります（さわやかで親切な窓口にします。職員の資質向上に努めます）。

(3) より信頼される区役所に変わります（積極的な情報の公開と提供に努めます。事業の見直しと効率化を図ります）。

(4) より便利な区役所に変わります（三六五日区役所を目指し、検討を始めます。さらに便利なサービスを追求します）。

と書かれていて、民感区役所とは銘打っているが、常識的な内容となっている。

ただ、その具体化として行われた相談窓口をコンシェルジュとし、来庁者を「お客さま」と呼び、「いらっしゃいませ」とあいさつすることは、顧客主義の限界を示すものだろう。

言うまでもなく、市役所にはいろいろな人が訪れるが、実際、離婚届や死亡届などの来庁者にも対しても、「お客さま」、「いらっしゃいませ」と呼びかけたのだろうか。

進化系としてのＰＰＰ

ＮＰＭは、どうしても行政サイドから見た供給側の改革になりがちで、それゆえコスト削減だけが目立ってしまう。行政コストと同時に行政効果も削減してしまい、「最小の費用で最小の効果」になってしまっては元も子もない。

そこでＮＰＭの進化系として登場してきたのが、ＰＰＰ（Public Private Partnership）である。これは、これまで行政が独占して行ってきた社会資本の整備や公共サービスの提供を民間に開放し、行政と民間が連携して実施するものである。

ＰＰＰの内容としては、公共サービスの質や内容に応じて、民間委託やＰＦＩ等の手法を活用するとともに、公共サービスの担い手としては、企業、ＮＰＯ等を活用するというものである。ＰＰＰは協働と似ているが、協働は民間活力の導入にとどまらず、民主主義に起源を持つ。

ＰＰＰの理念を最も適切に表す言葉が、Value For Money（ＶＦＭ）である。納税者にとって得られる価値の最大化を目指すもので、ＶＦＭを達成するための原則として、競争環境の構築と透明性の確保、最適な手法を選択できうる環境の整備、新たな官民の役割の構築等がある。

●ニュージーランドから学ぶこと

質素な暮らしぶりであるが、ゆったりとしているニュージーランドと、お金はあるがピリピリしている日本とは、同じ民営化、行政改革といっても意味が違ってくるだろう。ニュージーランドでは、NPMのほとんどが失敗したとされるが、実際にニュージーランドを旅してみると、そうだろうと思う。

むしろ、この旅で、日本が参考とすべきと感じたのは、ニュージーランドのおじさんたちの穏やかな笑顔である。レストランでもカフェでも、奥さんの目を見ながら穏やかに話し、道で私たちが地図を見ていると、にこやかに話しかけてくる。日本が学ぶべきは、こうした余裕だと思う。

あとがき

『自治の旅』をようやく上梓することができた。本書は、私のブログ「自治・政策・まちづくり」を再構成したものであるが、書き上げるのは思いのほか難儀した。素材はたくさんあるが、これを個人的体験にとどめず、普遍的で社会的な意義のあるものに昇華するのが難しかったためである。また、ブログをあらためて読み直してみると、その時々のことがあれこれと思い出され、なかなか原稿が進まなかった。

本書を書き上げるにあたっても、多くの方々のご協力をいただいた。とりわけ文章と合わせた写真については、私自身に手持ちがないものもあり、どうしたものかと思案していたが、手持ちの写真を快く提供してくださった方、あるいはわざわざ現地に撮影に行っていただいた方々に支えられて、何とかつくり上げることができた。ここにはお一人おひとりの名前を記さないが、ご厚情に感謝申し上げたい。

自治の旅として、全国いろいろなところへ行ったが、その大半は鉄道の旅である。人生のかなりの時間を列車に揺られたことになる。新幹線には頻繁に乗るので、使った金額を計算し始めてみたが、恐ろしい単位になりそうなので、途中で止めておいた。

私の旅は、いつでも、どこに行く時も、娘が買ってくれたデイパック一つである。バッグの中身は、旅の繰り返しで、不要なものがすっかりそぎ落とされ、本当に必要なものだけがコンパクトに収まっている。旅先での洗濯など、私は苦もなくできるようになった。

地域やそこに暮らす人たちの役に立てばという思いで出かける自治の旅ではあるが、知らず知らずのうちに自己確認の旅にもなった。私も、旅によって鍛えられ、育てられたということである。さあ明日も、自治の旅に出ることにしよう。

二〇一四年一月

松下啓一

■著者略歴

松下啓一(まつした　けいいち)

相模女子大学教授(前大阪国際大学教授)。パートナーシップ市民フォーラムさがみはら顧問。専門は現代自治体論(まちづくり，NPO・協働論，政策法務)。中央大学法学部卒業。26年間の横浜市職員時代には，総務・環境・都市計画・経済・水道などの各部局で調査・企画を担当。ことに市民と協働で行ったリサイクル条例策定の経験が，公共主体としてのNPOへの関心につながる。

主要著作

『自治基本条例のつくり方』(ぎょうせい)，『協働社会をつくる条例』(同)，『新しい公共と自治体』(信山社)，『市民活動のための自治体入門』(大阪ボランティア協会)，『図解地方自治はやわかり』(学陽書房)，『市民協働の考え方・つくり方』(萌書房)，『協働が変える役所の仕事・自治の未来——市民が存分に力を発揮する社会——』(同)，『熟議の市民参加——ドイツの新たな試みから学ぶこと——』(共著：同)，ほか

自治の旅——民主主義の学校から——

2014年3月20日　初版第1刷発行

著　者　松下啓一

発行者　白石徳浩

発行所　有限会社　萌《きざす》書房

〒630-1242　奈良市大柳生町3619-1
TEL (0742) 93-2234 / FAX 93-2235
[URL] http://www3.kcn.ne.jp/~kizasu-s
振替　00940-7-53629

印刷·製本　共同印刷工業・藤沢製本

ISBN978-4-86065-083-4